中国人口与城市匹配理论及其检验

胡尊国 著

中国财经出版传媒集团

经济科学出版社

Economic Science Press

图书在版编目（CIP）数据

中国人口与城市匹配理论及其检验／胡尊国著．——
北京：经济科学出版社，2022.7
ISBN 978 – 7 – 5218 – 3838 – 1

Ⅰ.①中… Ⅱ.①胡… Ⅲ.①人口流动－关系－城市
经济－聚集经济－经济效率－研究－中国 Ⅳ.
①F299.2 ②C924.24

中国版本图书馆 CIP 数据核字（2022）第 119880 号

责任编辑：吴　敏
责任校对：王苗苗
责任印制：张佳裕

中国人口与城市匹配理论及其检验

胡尊国　著

经济科学出版社出版、发行　新华书店经销
社址：北京市海淀区阜成路甲 28 号　邮编：100142
总编部电话：010 – 88191217　发行部电话：010 – 88191522
网址：www. esp. com. cn
电子邮箱：esp@ esp. com. cn
天猫网店：经济科学出版社旗舰店
网址：http://jjkxcbs. tmall. com
北京季蜂印刷有限公司印装
710 × 1000　16 开　11.5 印张　200000 字
2022 年 7 月第 1 版　2022 年 7 月第 1 次印刷
ISBN 978 – 7 – 5218 – 3838 – 1　定价：50.00 元
（图书出现印装问题，本社负责调换。电话：010 – 88191510）
（版权所有　侵权必究　打击盗版　举报热线：010 – 88191661
QQ：2242791300　营销中心电话：010 – 88191537
电子邮箱：dbts@ esp. com. cn）

序

    以完全专业化集聚或多样化集聚为逻辑的城市经济研究结论存在很大分歧，而本书试图以协同集聚作为出发点，尝试运用匹配思想及市场设计等实验经济学方法，创造性地构建了适合我国国情的城市与人口匹配模型。该匹配理论模型通过三种不同的人口流动机制进行了数值模拟与参数校正，其相关结论和理论预测与我国城镇化进程的实际状况比较吻合，尤其是在2004～2013年城市人口的统计结果得到了有效验证。该城市与人口匹配模型有助于系统地讨论我国城市与人口匹配的三个方面问题。这三个问题分别是：问题一，以协同集聚为前提，论证人口自由流动所形成均衡城市规模及结构的合理性；问题二，探寻选择效应、集聚经济与城市生产率关联性；问题三，讨论城镇化发展和区域收敛态势。这些理论模型和研究结果为我国深入推进新型城镇化建设提供了重要的理论指导和政策启示。

    对上述问题展开研究的基本思路基于"一个状态、两种效应"重要框架。"一个状态"是指，假定中国城市产业集聚处于完全多元化和专业化之间的中性状态。这种协同集聚假设更符合我国的现实情况，也避免了完全专业化或多样化所出现的对立结论。"两种效应"中的一种效应是同行业效应，假定某类型劳动人口迁入数量增加对本产业生产率提高产生了更大的影响。由于与本产业更高的匹配效率，人口偏好迁移到同类行业主导的城市，即经济个体存在"多数追逐"现象。另一种效应是选择效应，城市生产率差异除了集聚经济影响外，还源于选择因素。一是事先选择。转移劳动人口偏好选择行业规模更大或资源更集中的城市。二是事后选择。在这些城市，仅有高生产率企业（劳动力）在经过残酷的竞争后生存下来，使得该城市行业平均生产率更高，进而强化了集聚经济。本书通过对中国特有的城市与人口匹配问题进行研究，得出以下结论：

（1）当产业结构满足协同集聚情形时，城市纳什均衡状态与社会最优就业结构难以同时达到。这种"二元悖论"意味着人口自由流动必然同时形成最优城市规模及就业结构的观念存在缺陷。由于某类型劳动人口迁入数量增加对城市不同行业生产率的不对称影响，且至少有一类劳动人口因同行业劳动人口规模扩大而就业效用得以实现更大程度的提升，那么原有的城市纳什均衡必然会被破坏；而城市达到纳什均衡状态时，产业集聚结构可能并没有实现社会就业效用最大化。

（2）城市发展与产业集群、选择效应关联性很强。以特定产业集群为战略进行开发区、产业园或新区建设以推动城镇化，使"二元悖论"现象愈发凸显，因此若实施了产业集群政策，那么地方政府出台配套人口政策是必要的。流入集群区域转移人口的增加对本行业生产率的影响大于其他行业，那么追求行业（集群）产出最大化的地方政府必然会强化该产业政策，而且这些大城市还具有另一种优势，即公共资源，从而加剧了经济主体"多数追逐"行为。随着高技能劳动人口大量涌入，尤其是当集聚经济收益和成本之间差别很小时，选择效应所引发的行业生产率的细小变化可能会导致城市规模出现巨大变动。

（3）集聚经济和选择效应共同决定了中国城市生产率的差异。优秀人才涌入发达城市，低技能劳动人口回流至落后地区，该人口流动模式对我国经济收敛的效果不会特别明显，甚至还会导致收入差距加大。经过选择效应和集聚经济相互强化，发达大城市行业平均生产率更高，纵然落后地区城镇化率也会很快提高，但这是因为回流劳动人口在不可贸易部门就业比重扩大所引发的。值得指出的是，因落后地区不可贸易部门产品（服务）具有不可贸易性，不仅其行业生产率不可能实现与大城市可贸易部门生产率相同程度的增加，而且不可贸易部门生产率的增加会直接转变成不可贸易品价格下降，从而这类城镇化模式对区域经济收敛的作用并不明显。城镇化最终态势是大城市高技能和低技能两种极端劳动力互补性趋势逐渐增强，出现"生产性城市"特征，而落后中小城市则走向"消费性城市"道路。

本书阐述了我国特色城镇化的几种经济学典型事实，并从产业协同集聚的这一独特逻辑视角系统地讨论我国人口、城市及区域协同的理论机理和未来发展预测，并在此基础上深刻地剖析城市与人口匹配协同性和矛盾性，具有重要的经济学理论创新价值。这些理论创新主要体现在以下几个方面：第一，首次尝试产业协同集聚为假设构造匹配模型以讨论中国城市发展及城镇化相关问题；第二，将城市与人口视为独特的双边市场，大量运用匹配理论及实验经济学的方法模拟劳动人口流动，试图解释经验数据不能预测的结果；第三，首次构建农业、可贸易、不可贸易及劳动力资源四部门均衡模型，讨论落后地区劳动力回流后城镇化发展态势与区域经济收敛问题。

　　本书的出版离不开单位、家人等的支持与帮助,尤其要感谢湖南省教育厅创新平台开放基金项目《统一汇率政策下的区域平衡发展问题研究》(18K052)、湖南省普通高等学校教学改革研究项目《数字经济专业跨界人才培养体系研究与实践》(HNJG - 2020 - 0279),以及国家社会科学基金青年项目《城镇化大转型背景下区域平衡政策的可持续性研究》(18CJL032)提供的资助。

　　由于水平有限,书中难免存在许多不足之处,敬请批评指正!

Abstract

There is a big difference in the conclusion of the agglomeration in which cities are completely specialized or completely diverse. This book attempts to use co-agglomeration as the starting point of urban economy. The ideas of match and methods of market design in experimental economics is also applied with data of Chinese cities at the first time. The three aspects of problems on match between city and population are discussed. First, it demonstrates that equilibrium cities will be inefficient in scale, and may be inefficient in composition by the free migration of population on the premise of co-agglomeration. Second, we explore the relationship among urban productivity, agglomeration economy and selection effect. Third, the development trend of urbanization is also discussed.

In this book, the basic ideas of the above problems depend on the "one state and two effects". First, "one state" refers to the industry in cities, which is assumed as a neutral state between diversification and specialization. The hypothesis on the co-agglomeration is more realistic, while it can avoid opposing conclusions. Second, one of the "two effect" is the own-industry effects, which seems consistent with the evidence to suppose that the own-industry effects are stronger than the cross-industry effects. This leads to a kind of behavior of "plurality chasing", where workers seek cities in which their own type dominates. Finally, in the case of co-agglomeration, the other effect is selection effects, where the difference of urban labor productivity is influenced by the selection. The first step, exante chioce: highly skilled labors choose larger size or resource-intensive cities; the second is expost chioce: only more productive enterprises/labors can survive in larger cities, which cause these cities to be more productive.

The conclusion of the research on the match of cities and population in China is summarized as follows:

1. In view of co-agglomeration, the Pareto efficient cities will not be consistent with Nash equilibrium by the free migration of the population, namely "dual paradox" exists. It is because that we are assuming that effects within the industry are large than effects associated with any other particular industry.

2. There is a strong correlation between urban scale, industrial cluster and selection effects. The phenomenon of "dual paradox" becomes increasingly prominent when implementing the policy of industrial cluster in industrial park or new zone. It is necessary to implement the policy of population mobility, owing to adding another one type worker has a larger impact on productivity of the industry it belongs than other industries. So the "plurality chasing" can be seen, where workers seek cities in which their own type dominates. It leads to equilibrium cities that are too large in scale.

3. Great gaps of productivity in cities come from agglomeration economies or the selection effects. High skilled talents move into the developed cities, while the low skill labors go back to the developing areas, which raised many questions that economic convergence will be not evident, even the regional income gap will be widened. Due to the mutually reinforcement between the selection effects and agglomeration economies, the average productivity of big cities becomes higher, and the urbanization rate of developing areas increases because of the expansion of employment in non-tradable service sector.

However, the productivity of non-tradable sectors will not increase as much as other sectors. Increase in productivity of non-tradable sectors would directly result in the fall of prices, so this kind of pattern of urbanization would immediately influences on economic convergence. The final trend of urbanization is that the complementary of high or low skill labor force in big cities is gradually increasing. Big cities have the characteristics of "productive cities", while the developing small and medium-sized cities are on the way to "consuming cities".

The main innovations of this book are as follows. First, it discusses the problems of urban development and the urbanization in China based on the theory of co-agglomeration. Second, the relationship between cities and populations will be considered as unique two-side matching markets in China. A large number of ideas of the match theory and experimental economics are used to simulate labor migration, so as to explain the results that empirical data cannot be predicted. Third, a new economic model, which includes four sectors (agriculture, tradable sector, non-tradable sector, and resources-labor sector), is constructed to discuss the development trend of urbanization in developing areas for the first time.

目　　录

第一章 绪 论

第一节 研究背景及问题提出

随着中间企业数量增多，下游企业会向中游企业所在城市聚集，若下游市场需求增加，生产中间投入品的企业也会向下游市场空间集聚，这类共址活动从某特定产业层面获益，城市趋向专业化，即专业化经济（localization economies）；若经济活动从共址空间所有市场中获益，那么城市呈现多样化，即城市化经济（urbanization economies）。对均衡城市结构及规模问题研究最全面、系统、权威的学者是亨德森（Henderson），但他及其追随者探讨的思路主要基于城市产业专业化与多样化两个极端模型。由于技术外溢会极大促进区域经济增长，知识外溢作为人口集聚的重要产物，自然与城市产业生产率紧密相连，所以究竟走多元化集聚还是专业化集聚道路一直是城市发展无法避免的话题，而其争论的核心是同产业或不同产业间技术（知识）外溢程度。目前，主流经济学存在三种争议。第一，相同产业内部厂商之间知识外溢，即马歇尔－罗默外部性（MAR），这意味着相同产业的空间集中有利于知识外溢。最好的例子就是硅谷计算机芯片产业，剽窃、模仿及高技能人才高频流动使最新理念技术迅速在临近同类公司间扩散。同时，MAR 理论坚持认为，相对于竞争，垄断更利于企业增长，因为垄断使创新收益外部性内部化，知识产权得到保护，而垄断利润能激励创新行为进一步向前推进。第二，波特（Porter，1990）认为产业集群空间专业化集中所形成的知识外溢效应刺激了经济增长。与 MAR 理论不同，波特强调竞争，而不是垄断促进企业迅速追求并采纳最好的创新技术。意大利陶瓷和珠宝行业的成功正是如此，因为成千上万的企业共址和激烈竞争激发了创新行为。第三，雅可布（Jacobs，1969）的结论与 MAR 理论和波特理论完全不一样。他认为，大部分知识外溢由核心产业转移到其他产业，若在距离上更靠近多样性集聚产业群，那么这样的非专业化共址活动更有利于创新及经济增长。以妇女文胸产品创新为例，其创意源泉并不是内衣本行业，而是其他行业。与波特一样，雅可布也支持城市中企业自由竞争加速了新技术运用的观点。这些集聚经济理论的争议很大，但却非常有吸引力，因为它们在很大程度地解释了城市如何形成及增长，尤其是 MAR 理论和波特理论认为产业应该实现空间专业化集中，以便吸纳技术外溢，这也意味着城市专业化集聚应该发展更快。相比之下，雅可布更强调多样化集聚利于城市增长。然而，在我国，某些专业化集聚程度不高的城市迅速增长，而一些过度依赖特定产业的专业化城市却举步维艰。这些事实与强调专业化集聚的马歇尔－罗默外部性及波特同产业集群外部性理论背道而驰，直接支持了雅可布关于城市多样化或跨产业知识外溢促进了经济增长的观点。克鲁格曼（Krugman，1991a）及新经济地理追随者们对集聚经济有两个重大理论突破：第一，用劳动力池观念将马歇尔风险共享模型数理化；第二，深入分析了上游产品供应商和下游产品生产商之间的运输成本及规模经济问题。波特就产业集群所做的开创性研究间接地论述了地理邻近行业非完全专业化或多样化共址情形，而其他一些城市经济文献则涉及不完全集聚情形（Duranton and Puga，2004；Abdel-Rahman and Anas，2004；Fujita and Thisse，2002）。但是，这些结论往往基于多产业共址集聚的某一因素，而产业中性集聚状态下城市系统性问题还没有被深入研究。

　　自从塞尔达最早提出了城市化概念以来，有关城市化与经济增长的问题就一直争议不断。专业化集聚的外部性（技术外溢）通常被视为专业化经济出现的最重要原因。完全多样化集聚下，不同产业间相互影响，知识和技术在跨行业之间迅速传播，形成了城市化经济。然而，从城市化程度非常高的发达经济体的现状来看，没有哪座城市属于真正的"单产业"（one-industry）专业化集聚。一些被熟知的专业化城市，如美国的好莱坞、英国的谢菲尔德、日本的丰田市等，事实上都倾向于多产业共址集聚。纽约或东京等国际化大城市多样化集聚程度很高，但其并没有涵盖全国所有产业类型就业人口。埃利森和格莱泽（Ellison and Glaeser，1997）首次创造了"协同集聚"（coagglomeration）一词来刻画这类城市的产业结构。20世纪八九十年代，在我国，地方经济曾出现过"一县一品"和"块状经济"等集聚模式，其产业专业化和市场化程度相对较高。但近年来随着新型城镇化的不断深入推进，地方政府为了发掘本地产业优势，吸纳更多转移人口，各种差异化的集群政策进一步得到强化，全国上下以特定产业集群为主导的高新区、工业园区和新城区等的建设正如火如荼地进行，这些产业园（新区）有浓厚的政府色彩，其中包含了前后向关联的企业，也包含彼此无关或不能互惠的企业（胡尊国、王耀中等，2016，2017）。这也就是意味着中国城市也普遍存在中性的产业组织形式——协同集聚，它介于产业完全多样化和完全专业化两种极端之间。例如，温州特色鲜明的低压电器上下游产业集群与鞋革产业集群共址活动或关联效应并不十分强烈，显然不能将这些产业共址视为专业化集聚。若将温州视为完全多样化集聚城市也显得不妥，因为温州既无钢铁、能源等传统重工业基础，也不具备计算机软件、文化传媒等产业的比较优势。有关我国城市专业化测算研究结果也表明，专业化集聚程度较高的是伊春、崇左之类中等规模城市（李金滟、宋德勇，2008），而大多数省会城市多样化集聚特征较为突出。我国城市产业集聚结构现状是众多异质性产业在同地域靠近，并非传统意义上单一产业的上下游空间专业化集聚。

很多以完全专业化或多样化为假设的城市研究结论，不是前期数据分析与后期实证相反，就是国内城市的情况与国外城市的情况相反，其很大一部分原因可能与同产业或跨产业技术外溢差异性假设相关。与这些研究有所不同，我们的研究以中国新型城镇化环境下大量劳动人口迁移为背景，假设劳动人口迁入数量增加对该城市不同行业生产率的冲击是不对称的，也就是说转移劳动力增加对同产业的知识溢出效应大于其他产业，即所谓的同行业效应。产业协同集聚环境下，同行业效应影响城市规模及结构。随着城市人口的增加，企业利润不断增加，创业青年从规模更大的城市获益最多，而且优秀人才成为企业家的概率也要大很多，这自然而然地导致大量优秀人才选择迁移到资源集中的大城市。当前，中国城市经济产业结构呈现不完全产业集聚特征，这些中性城市几乎没有一个被动地应对人口变化。有的地方政府直接影响经济主体"区位选址"，有的企业选址甚至基于"政策租"，而并非依据交易成本。城市公共资源的过度集中加剧了人口向大城市集聚，这将导致更深层次的选择，而地方政府可起到非常积极的作用。由于转移人口对城市偏好是非均等化的，个人依据自身才能禀赋偏好来选择特定城市。当转移人口严格偏好某城市，会引起公共产品供应短缺及城市拥挤，从而城市政策制定者针对人口转移设置一定的自由水平，也就是说转移人口在选择城市的同时，也在被城市选择，这就是本书所要讨论的城市与人口双边匹配市场，匹配的结果将直接影响城镇化的整体福利水平。中国城市发展模式异于纯粹市场经济或计划经济，而是在异质性市场结构中呈现出"选择"特征。

中国城镇化路径讨论的关键议题是引导经济要素向大城市集聚，还是选择走经济活动较为均质的中小城市道路。我们不得不承认，目前确实很多经济活动都呈现向少数超大城市或大都市城市群地理集中的趋势。不管是提倡县域城镇化、区域城镇化或新型城镇化，中国的城市化率仍然需要进一步提升是一个基本共识，而分歧焦点在于发展大城市还是中小城市。如果集聚经济收益大于集聚成本，发展大城市道路无疑能进一步扩大规模经济，提高城市劳动力生产率。但是，目前面对人口众多、城乡分割及地域社会经济差距过大之国情，发展众多经济活动均质的中小城市可能是值得考虑的道路，因为中小城市一般能够就地城镇化，并能够迅速完成城市化过程，且社会成本和心理成本是最低的，还能缓解大城市的"城市病"。然而，离开大城市的辐射带动，仅依靠中小城镇或农村工业化来推进城市化发展是不可持续的（许政等，2010；钟宁桦，2011）。之所以出现这么多对城市发展策略的迥异观点，是因为遵循集聚经济规模效应客观规律与追求理想化的城市规模均质分布之间存在冲突。著名的城市经济学家亨德森的城市模型描述了空间集聚的收益与成本之间比较权衡。一般来说，随着城市规模扩大，集聚净收益先是快速上升，当到达顶峰时会缓慢下降，即所谓的"倒U型"规律（Henderson，1974）。他认为，目前中国的城市数量和规模都不是最优状态，如果通过城镇化使地级城市规模扩大一倍，那么劳动力产出效率会提高20%～35%。陆铭（2011）认为，我国城市之间产出差距扩大的幅度大于建成区面积及人口规模的扩大差距，借此说明经济活动集聚程度远大于人口的集聚，从而证实大城市规模数量与规模都要进一步扩大的结论。但是，亨德森（Henderson，2007）认为，中国财政和资本的行政性倾斜使得人口过度流入拥挤的超大城市是值得警惕的。

当然，城市的最优规模并非简单的数值规律，而是与城市的内部功能紧密联系的，其本质是与协同集聚结构相关联。产业协同集聚结构变迁引起城市最优规模（最大净集聚收益）也发生变化，这可能是因为中国城市经济集聚结构既不是依赖"单一产业"专业化，也不是完全多元化，而更多呈现的是中性城市，具有一定的产业集聚，但又不是完全专业化集聚。然而，协同集聚规律往往被中国城市研究者所忽视。产业协同集聚现象的发生与地方政府的产业集群政策关联性很强，特大城市的目的是优化城市结构，依据集聚成本对产业（人口）设置某种准入自由度；小城市会选择性地发展能够尽可能增加就业的产业，以便极力扩大城市规模。大城市一般承载总部经济集聚与高级商贸服务作用，中小城市往往发展普通制造业较为适宜，产业集聚所形成的专业化分工差异使得城市最优规模存在差异（Henderson，1974）。然而，阿拉斯（Anas，2002）在分析城市内部产业结构后发现，随着城市人口规模不断扩大，最优城市规模不断缩小，经济活动呈现分散趋势。甚至有的某个单独厂商分别在不同城市分布情形，即所谓的逆集聚（De-agglomeration）。当然，阿拉斯（2002）的结论显然是对新经济地理理论里所论述的集聚经济的否定，因为集聚经济假设消费者满足多样性偏好。逆集聚理论与实际运输成本不断增大和大城市人口越来越多的经济现象相违背。在生产性服务业与制造业协同共址情形下，产业结构和城市规模共同影响城市产出。也就是说，城市规模需要达到一定限值，上下游关联产业经济活动共址才能彼此受益，城市规模经济收益随着城市规模扩大呈现倒 U 型变化。但是，我国的大部分地级市规模小于最优城市规模，这些城市仍然需要很大的人口集聚空间（柯善咨、赵曜，2014）。

人口（尤其是高技能劳动力）向资源更集中和公共服务更优质的大城市转移，而教育程度偏低的低技能劳动力大都流向东部发达或省会城市，其中大量常住城镇的转移劳动力并没有获得相应城市的公共服务，即"半城镇化"。经过多年的"半城镇化"发展，2012 年我国常住人口城镇化率达到 52.5%，但是户籍城镇化不足 36%。在这种以城区建设粗放扩张为特征的传统城镇化发展过程中，城镇空间分布与人口并不匹配，大量农业迁移人口无法享受与城市居民同等的住房、教育和医疗等资源。为提高城镇化发展质量，2012 年党的十六大高度重视引导城镇化健康发展以及科学布局全国城镇发展格局；2012 年 12 月，中央经济工作会议明确提出"新型城镇化"建设任务和路线图，其建设核心理念是以人为本；2014 年 12 月，国家新型城镇化综合试点名单正式公布。截至 2021 年，我国城镇化率达到 64.7%，且以人为本的高质量城镇化取得了显著成就。这些国家现代化发展理念和政策实践均意味着我国的城镇化具有明显的阶段性特征。

此外，很多关于区域和城市发展研究的主流学术观点也认为，2013年是城镇化发展过程中关键的分水岭。从城市与人口匹配特征看，2013年前后的城镇化发展方式具有一定的差异性，尤其从迁移人口的流动可以看出一些规律。在"半城镇化"发展阶段（即2013年之前），部分农村转移劳动力受年龄增大及大城市高生活成本的制约，出现了愿意回流小城镇的迹象，但回乡就业的前景并不明朗。落后地区地方政府极尽各种产业政策，尽量吸纳回流人口，以满足城镇化率提高的政绩需求。产业政策和公共服务供给产生了差异性的"城市租"，而"竞租"式人口选择性转移，形成城市均衡结构和规模，这值得讨论。此外，选择效应伴随着"多数追逐"现象，即部分劳动力会选择同类主导的城市。每个行业从业者希望选择一个与自身技能禀赋匹配的城市结构，比如北漂的艺术工作者、沿海城市电子厂工人等都希望置身于包含众多类似产品或服务的产业集群。另外，即使一个城市存在彼此无法相互受益的产业，但由于在该城市劳动人口能够获得其他价值激励，尽管工资不是最高，但他们也不愿意迁走。很多劳动力愿意选择在众多同行聚集或者地域文化接近的城市，而非传统意义上的产业集聚。转移人口选择行为所产生的产业分区状态可能并没有带来经济意义上的要素高效率配置。不管是旨在提高城镇化率，还是优化城市结构，各地的集群策略迥异。一方面，特大城市依据拥堵（环境资源压力）严重程度，对产业（人口）准入设置了一定自由度。另一方面，广大中小城市为城镇化政绩而竞相加入"抢人"大战，但由于财政约束问题，不可能扶持所有产业，必然会选择性地发展本地某些优势产业。地方政府以特定产业集群为主导进行大规模产业园区和新区建设，并对集群（企业）进行土地优惠或相关补助，会强化经济个体的选择行为。在我国，各类城市几乎都没有被动地应对人口变化，大城市迫于"城市病"而限制人口无序扩大，中小城市却极力吸纳回流或农村剩余劳动力。由于城市公共资源高度集中的特殊现状以及人口转移偏好差异的存在，毫无理由地认为转移人口与城市双边相互选择是客观的，两者形成了独特的双边匹配市场（Two-sided matching market)。在产业协同集聚情形下，地方政府正如火如荼地推动城镇化。在这一背景下，需要对选择效应引起产业结构调整和人口迁移变化进行深入研究，而我们研究城市与人口双边匹配市场的基础是城市部门人口政策与产业集群优先策略。在双边匹配博弈中，高技能人口迁移选择倾向不仅没有改变，反而得到强化，极大地影响了城市的规模效率。得益于高技能人才在大城市集聚，低技能劳动人口在不可贸易的服务行业可以获得大量的工作机会，如保姆、保洁工、出租车司机、配送员等职业。因此，我们有必要讨论城市与人口匹配的一个尴尬群体——中等技能劳动人口。在市场满足流动性条件时，激励中等技能劳动人口而非低技能劳动人口向中小城市有序合理转移是否能够降低城镇化成本？对于这一问题的讨论，出发点可能是特大城市与中等技能劳动力匹配价值是否如传统经济分析所指出的那么重要。尽管传统经验数据显示，相对于低技能禀赋劳动人口而言，中等技能劳动人口对城市产出效率的贡献更大，但从双边市场匹配角度看，中等技能劳动人口选择本来就具有固定潜在优势的城市，这在很大程度上是他们选择城市的结果，而非完全集聚效应。

目前，地方政府正轰轰烈烈地推动城镇化进程，而学术界从两个主线展开讨论。第一，从产业转型角度分析转移劳动力在城市和农村之间的重新分布（刘易斯，1954；费景汉、拉尼斯，1964；胡尊国、王耀中等，2016）。第二，城市化与经济增长的互动关系。由于城市存在"规模外部效应"和"集聚效应"，城镇化、工业化和经济增长有某种程度的正相关关系，但从深层次分析看，仍然充满了很多不确定因素。当然，城市化对从总体上消除绝对贫困肯定起到了非常重要的作用，但对解决贫困两极化问题却收效甚微，拉丁美洲和非洲一些城镇化率较高的国家就是典型的例子。亨德森（Henderson，2003）也认为人口集聚于大城市有利于促进农业人口占比大的欠发达经济体的发展，但不是城市化本身一定会促进经济增长。这样一来，推动城镇化通常面临两难决策：一方面，推进产业的空间集聚刺激经济总增长；另一方面，还得平衡区城协调发展。按照"新古典增长理论"经济收敛假说，地域发展最终到达均衡，地区和城乡生产率及收入差距逐步减少，但这种现象并没有在我国出现。同样，刘易斯的"二元经济"也认为，随着城市化进程的推进，农业部门劳动力转移到非农部门，劳动力生产率得到很大提高，从而居民获得更高的收入，最终城乡差距会缩小，但在我国却出现了相反的情况。对于此，除了用户籍分割引起劳动力流动障碍和公共服务的城乡巨大差距理由进行解释之外，针对其系统性的本质规律，还需要对城市与人口匹配问题进行重新讨论，而在当下回答并解决这些问题是艰巨且迫切的任务。

第二节 研究的主要内容与逻辑思路

本书认为协同集聚对探索中国城市发展规律具有重要的现实与理论价值，所以全书并没有采用专业化集聚或完全多元化集聚为假设来进行城市研究的传统做法。

本书的研究逻辑思路如下：首先，基于国内外研究现状，阐述本研究即将开展的工作、拟解决的一些问题，以及理论和实践价值，同时对研究的视角、模型和方法三个维度创新进行简要说明。其次，对国内外产业、人口和城市问题相关研究进行评述，并对本研究模型创新所需要的知识储备进行简单的介绍，指出协同集聚现象是探索城市问题的全新视角，最优城市规模与结构是新型城镇化无法绕开的主题。再次，介绍协同集聚同行业效应和最优城市结构的数量上的定义，尤其论述了中国城市与人口关系是一种独特的双边匹配市场，以及这对本研究而言所起到的核心作用。同时，还介绍人口与城市匹配的相关理论基础，为研究做好知识和方法方面的铺垫。

协同集聚是中国城市普遍的产业聚集模式，若转移人口流动对不同城市不同行业的生产率产生的冲击是不对称的，那么可能需要重新审视人口自由流动以及最优城市规模和效率的观点。在此过程中，我们大胆运用了目前国外研究最前沿的微观经济工程理论，即匹配理论的思想。国外学术界有关这类理论方法的研究非常丰富，包括波士顿择校机制（BOS 机制）、顶部交易循环机制（TTC 机制）以及选择学生最优机制（SOSM 机制）在内的双边匹配问题研究掀起了一股实验经济学的浪潮，也称作为经济工程学。双边匹配理论和微观经济工程研究讨论的中心就是上述三种机制的稳定性、公平性以及帕累托效率方面的实验比较与策略分析。其本质是用博弈论思想去解决市场失灵问题，而这也是一种合作博弈的思维。之所以要构建匹配理论核心思想，是因为双边市场的相互选择性。价格机制通常是失灵的，但是匹配原理却可以找到稳定的均衡解。大城市的生产率之所以更高，而欠发达地区的生产率相对增长速度越来越慢，其主要原因是协同集聚结构两种效应影响城市规模与效率，即同行业效应和选择效应。本书的第 5 章将重点说明其形成机理，以解释中国城市结构和转移人口流动问题。

面对城市、选择和集聚的内生问题，通常采用的方法是使用工具变量。但是，目前考虑到选择效应，工具变量的选取是十分困难的，所以我们采用了实验模拟、新结构计量模型及贝叶斯估计进行了实证研究。研究结果表明，城市集聚经济与选择效应共同决定城市生产率。

目前不仅城镇化路径选择存在较大分歧，而且在中国还出现了"刘易斯悖论"，即农村转移人口大规模流动并没有使中国城市区域和城乡差距缩小，甚至差距还在扩大。因此，本研究构建了四部门模型，试图解释上述问题的起因。落后地区的城镇化属于无工业的城市化，其城镇化率提高是回流劳动人口在不可贸易部门就业比例扩大所致。通过模拟劳动力流动，可以预测落后地区可能出现"消费性城市"结构，而发达地区则将走上"生产性城市"道路。

本书对中国城市与人口匹配问题的研究具体讨论了以下四个方面的内容：

1. 转移人口流动对城市纳什均衡与最优结构的影响

如果城市产业集群结构满足我们一直所论述的协同集聚情形，那么转移劳动人口迁入对城市同产业内部行业或其他产业行业的生产率的影响是不一样的。尤其是在劳动力转移数量增加对本行业生产率的影响大于其他行业的情况下，若处于人口流动纳什均衡状态，那么城市就业效用结构福利水平不能获得最大化；反之，若城市处于就业效用最优水平时，则难以维持纳什均衡，即城市最优结构和均衡规模可能存在冲突。此外，如果产业协同集聚仅是部分产业共址，并没有包涵国民经济所有的门类产业，那么经济主体在城市"共址活动"一定相互受益的结论也是值得商榷的。之前以波特为首的一批学者认为，某聚集区域的同类型企业越多，那么这些企业从"共址活动"中获得的利益就会越多。但通过同行业效应和选择效应分析，可以讨论均衡城市规模无效率或城市就业结构无效率这两种情况是否都存在。在就业结构方面，收入激励不一定形成跨城市有效率的产业分区。例如，即使共址激励非常强烈，只要没有转移人口最先选择迁入，那么专业化城市分布仍然维持一种均衡。另外，城市中就业劳动人口当前并没有足够高的收入水平（面对更高的机会成本），而传统生活习俗不足以使其产生离开该城市的意愿，或者由于一些政府产业因素，使得城市空间仍然包含一些彼此无法互惠的产业。就规模无效率而言，均衡城市就业结构会偏离社会福利最优城市就业结构，因为任何经济体代理人都希望置身于特定产业集群以适合其自身的产品需要，比如银行家想要置身于很多金融行业机构（银行家）共址的城市，文化传媒行业希望所集聚的城市能满足其产品的特殊需要，而这种"多数追逐"现象导致的均衡城市规模远远超出了我们的预期。暂且不考虑在我国现有国情下人口流动完全开放的必要性，即使是在完备理论条件下，人口自由流动所形成的均衡状态也极容易出现城市规模过于庞大的结果，有时要素完全流动也避免不了城市人口增长出现马尔萨斯趋势。另外，城市居民享受城市集聚高效率、城市公共资源等带来的正外部性，而将环境污染和交通拥堵等负外部效应留个政府负担，从而导致代理人收益与成本不对称，市场难以自发调节，科学地控制人口过度流入或解决城市人口超过最优规模等问题，这些现象都是从人口集聚成本角度论述城市非最优规模问题。尽管要素流动自由化、企业区位选址市场化及土地财税政策合理化等深层次改革可能在某种程度上避免城市化进程中出现的一些负面现象，但由于调节集聚经济收益和集聚成本时市场可能会失灵，城市最优规模与结构"二元悖论"在理论和现实中都可能存在。

2. 城市生产率变化的原因及其迁移人口传导机制探讨

不同于克鲁格曼（Krugman，1991）从新经济地理视角所论述的城市规模无效率，本研究所讨论的是产业协同集聚条件下同产业/跨产业外溢非对称性所引发的城市规模效率变化。有理由质疑人口自由流动的合理性。第一，同行业效应。转移劳动力迁入数量增加对同类行业的外溢程度往往大于其他行业（同行业匹配效率更高），劳动人口加速向同行业主导的城市流动。若地方政府给予这类优势产业集群土地优惠或相关财政补助，将进一步强化同行业效应，从而加剧行业劳动生产率不对称变化。生产率提高更快的产业以更高的收入吸引更多同技能类型的劳动人口，从而导致该产业人口规模不断扩大，最终城市所处纳什均衡状态下就业效用结构是否最优值得商榷。第二，选择效应。公共资源过度集中和"多数追逐"（plurality chasing）现象是客观存在的。一般而言，高校毕业生更偏好公共产品供给充分、资源更集中的发达城市，而且现实经济个体"多数竞逐"行为非常普遍，这就是所谓的"事先选择"。企业偏好选择同行业主导的城市，比如银行家更愿意置身于众多银行汇集的地区，IT从业者更希望选择同类相关产业主导的城市。就内资企业选址规律而言，国有企业占比大的城市可能不利于吸引新企业集聚，而一些行业还是倾向于在同行业或同产业集群的空间集聚。由于我国上下级行政层级的事权财权不匹配，财政因素使得产业向上层级城市集聚。政府扮演着非常积极的角色，导致经济个体更深层次的选择行为，由于市场规模扩大，竞争变得更加激烈，更高生产率企业（劳动人口）在大城市立足，从而导致同行业效应进一步发酵，即"事后选择"的结果引起该产业人口规模不断扩大。如此循环下去，到达满足人口流动均衡时，城市结构是否处于社会福利最优状态，有必要对此进行深入讨论，而且城市生产效率和规模分布也有很大的讨论空间。此外，经济个体共址活动不一定相互受益，而且均衡城市规模无效率及城市分布无效率情形是存在的，这是因为即使共址激励非常强烈，若没有劳动力首先流入该专业化城市，则城市间仍然会维持原有的无效率均衡状态。同样，只要提供足够高的动力使劳动力消极流动，城市仍然包含一些彼此无法互惠产业（胡尊国，王耀中等，2015）。

3. 城市与转移人口的相互选择可能影响中国的城镇化

在新型城镇化大转型背景下，中国城市发展模式异于纯粹市场经济或计划经济，在异质性市场结构中呈现出"选择"特征。

人口（尤其是高技能劳动力）向资源更集中和公共服务更优质的大城市转移，教育程度偏低的低技能劳动力大都流向东部发达城市或省会城市，但其中大量常住城镇的转移劳动力并没有获得相应城市的公共服务，即"半城镇化"。部分农村转移劳动力受年龄增大及大城市高生活成本的制约，出现了愿意回流小城镇的迹象，但回乡就业的前景并不明朗。落后地区地方政府极尽各种产业政策，尽量吸纳回流人口，以满足城镇化率提高的政绩需求。产业政策和公共服务供给产生了差异性的"城市租"，而"竞租"式人口选择性转移，形成城市均衡结构和规模，这值得讨论。此外，选择效应伴随着"多数追逐"现象，即部分劳动力会选择同类主导的城市。每个行业从业者希望选择一个与自身技能禀赋匹配的城市结构，比如北漂的艺术工作者、沿海城市电子厂工人等都希望置身于包含众多类似产品或服务的产业集群。另外，即使一个城市存在彼此无法相互受益的产业，但由于在该城市劳动人口能够获得其他价值激励，尽管工资不是最高，但他们也不愿意迁走。很多劳动力愿意选择在众多同行聚集或者地域文化接近的城市，而非传统意义上的产业集聚。转移人口选择行为所产生的产业分区状态可能并没有带来经济意义上的要素高效率配置。不管是旨在提高城镇化率,还是优化城市结构,各地的集群策略迥异。一方面,特大城市依据拥堵(环境资源压力)严重程度,对产业(人口)准入设置了一定自由度。另一方面,广大中小城市为城镇化政绩而竞相加入"抢人"大战,但由于财政约束问题,不可能扶持所有产业,必然会选择性地发展本地某些优势产业。地方政府以特定产业集群为主导进行大规模产业园区和新区建设,并对集群(企业)进行土地优惠或相关补助,会强化经济个体的选择行为。

在我国,各类城市几乎都没有被动地应对人口变化,大城市迫于"城市病"而限制人口无序扩大,中小城市却极力吸纳回流劳动力或农村剩余劳动力。由于城市公共资源高度集中的特殊现状以及人口转移偏好差异的存在,毫无理由地认为转移人口与城市双边相互选择是客观的,两者形成了独特的双边匹配市场(Two-sided matching market)。在产业协同集聚情形下,地方政府正如火如荼地推动城镇化。在这一背景下,需要对选择效应引起产业结构调整和人口迁移变化进行深入研究,而我们研究城市与人口双边匹配市场的基础是城市部门人口政策与产业集群优先策略。在双边匹配博弈中,高技能人口迁移选择倾向不仅没有改变,反而得到强化,极大地影响了城市的规模效率。得益于高技能人才在大城市集聚,低技能劳动人口在不可贸易的服务行业可以获得大量的工作机会,如保姆、保洁工、出租车司机、配送员等职业。因此,我们有必要讨论城市与人口匹配的一个尴尬群体——中等技能劳动人口。在市场满足流动性条件时,激励中等技能劳动人口而非低技能劳动人口向中小城市有序合理转移是否能够降低城镇化成本?对于这一问题的讨论,出发点可能是特大城市与中等技能劳动力匹配价值是否与传统结论那么重要。尽管传统经验数据显示,相对于低技能禀赋劳动人口,中等技能劳动人口对城市产出效率的贡献更大,但从双边市场匹配角度看,中等技能劳动人口选择本来就具有固定潜在优势的城市,这在很大程度上是他们选择城市的结果,而非完全集聚效应。

4. 城镇化的发展态势

根据《中国人口统计年鉴》，2015 年中国按常住人口统计的城镇化率为 56.10%，而城镇户籍人口占总人口的比例不到 40%。在以人为本的新型城镇化发展阶段，我国的城镇化建设成绩斐然，但城镇化率提升的速度放慢。根据公安部公布的数据，2013~2021 年我国户籍城镇化率提高了约 11%，户籍城镇化率由 2013 年 35.93% 提升至 2021 年 46.7%；与此同时，常住人口城镇化率也提高了 10%。截至 2021 年，尽管我国常住人口城镇化率达到 64.7%，但依然低于发达国家 85% 的平均水平。事实上，我国城镇户籍人口占总人数的比例不到 50%，也低于发展中国家 60% 的城市化率水平。即使按每年城镇化率水平提高一个百分点的速度计算，到 2030 年我国城镇化率也才不足 75%，何况未来的几年我国会面临经济发展外部环境恶化、老龄化加速等客观问题，这些将对城镇化率的提高造成较大的负向影响。另外，2021 年我国大约有 2.9 亿农民工，促使这些劳动力有愿望融入城市，需要一个良好的劳动力市场为之提供就业支撑，同时也需要一种均等化公共服务保障。当前较为普遍的现象是，部分农民进城后仍然很难摆脱"半城镇化"的状况。他们就业在城市，户籍在农村；主要劳动力在城市，其他家庭成员在农村；主要收入来自城市，积累和消费在农村。一些学者将这些问题仅仅归咎于现有的土地、户籍等制度的管理安排。随着城镇化的深入推进，目前所出现的现象是很多外出务工的劳动人口选择回流中小城市就业安居，这自然增加了对户籍地房产、私人服务等不可贸易品的需求。这种恩格尔消费规律进一步凸显，吸引大量的回流劳动人口在本地从事不可贸易服务业，从而使城镇化速度加快，但是这些落后地区工业部门（制造业和生产服务业）的相对生产率却没有大幅度提高，这就是无工业化的城镇化。长此以往，落后地区将呈现"消费性城市"（consumption cities）的特征。这类城市发展模式可用外出务工劳动力资源租（rents）消耗来解释。当然，如果当地高技能禀赋劳动人口外流，低技能劳动人口回流，则将极大地改变城镇化的格局。

第三节　研究的理论价值与现实意义

产业协同集聚为城市发展决策者及研究区域经济理论的学者提供了全新的视角。不管是理论研究还是实际案例，都印证了集聚经济对劳动力生产率的正向作用，而通勤成本增加使得实际收入降低，环境污染和交通拥堵削弱了人口向大城市集聚的吸引力，地租和雇佣工人成本上升使得厂商偏离集聚区。从城市角度来看，当城市间区际交易成本高于城市内部拥堵成本时，集聚倾向于稳定均衡。就是这种集聚的正负效应使得城市产出收益与城市规模存在倒 U 型关系。中国的数据证实了城市规模—收益倒 U 型曲线是客观存在的。曲线的峰值之前部分是低水平城市化阶段。在这一阶段，城市集聚经济收益急剧上升，人均收入提高相当快，在达到峰值后下降速度较为缓慢。然而，城市产业集聚结构仅有单一（比如传统家电制造业），那么这些厂商在劳动力市场的劣势非常明显，其雇佣工资将高于其他多样化城市同类行业的工资。在传统家电制造业与家政服务业协同集聚的城市，工人之所以愿意接受更低的平均工资，是因为该城市能够为家庭其他成员提供相应的就业岗位，这将使他们的家庭总收入更高。例如，在深圳，家政业与制造业协同集聚现象明显，保姆市场的工资水平低于同类城市（如上海）的工资水平。就协同集聚效率统计数据来看，依赖单一产业的区域容易走向萧条（Marshall，1890）。这种危险来源于需求下降或原材料供应商断供等，而大城市或大产业区在很大程度上可以避免这种现象。事实上，大多数企业倾向于向产业园区集聚，而"互补性"产业更可能共址集聚。目前，中国没有一座完全专业化的城市，但也没有一座城市拥有全国性的多样化技能类型人口，我国几乎所有城市的产业结构都属于协同集聚情形。城市经济问题研究学者或城市规划者对于专业化集聚和多样化集聚的外溢效应对城市发展的作用存在很大分歧，但若以协同集聚为前提的模型来分析城市形成及发展规律，可能会避免出现分歧。

从某种角度上讲，以协同集聚为出发点不仅符合中国经济社会发展的实际情况，对研究城市结构和城市规模具有很强的理论研究意义，而且为城镇化建设提供了全新思维。尽管多产业共址集聚活动对任何产业都将产生积极的影响，但是某产业集群增加一单位，同类劳动力对本产业生产率提升的影响将大于其他产业，寻求产业最优产出效率的地方政府必然极力"膨胀化"该产业集群。目前，几乎所有地方政府正极尽所能发展产业集群就是最好的例证，比如一些开发区或新区的 GDP 达到上百亿甚至上千亿元，其中装备制造集群、文化动漫产业园区及生物科技工业园等随处可见。厂商也偏好选择同类行业主导的产业集群，但是这些厂商对本产业生产率提高的效应大于城市其他协同集聚的产业。这种同产业获利规律势必诱导地方政府以各种财税优惠手段进一步强化该产业集群，结果是该技能类型劳动力会源源不断涌入该城市。高技能劳动人口转移到具有资源优势的大城市会更多地增加匹配价值，比如知识和技术偏向型人才会不断地往一线城市或东部沿海城市聚集，极大地提高了当地城市的效率，同时也能提升其自身价值。得益于高技能劳动力在大城市集聚，低技能劳动力在其不可贸易的服务行业可以获得大量的工作机会，中等技能劳动力随信息化和科学创新发展，其集聚影响力将慢慢减弱，甚至在智能化大城市被边缘化。产业协同集聚环境下存在同行业效应，从而引起劳动力转移选择存在"多数追逐"（plurality chasing）现象，转移人口倾向选择与自己技能结构匹配的同类型行业主导城市（Helsley，2014；胡尊国、王耀中等，2015），即每个行业从业者希望选择一个与自身技能禀赋匹配的城市就业，而且这些城市往往由众多同类产业集群主导。比如，艺术传媒从业者宁愿选择做"北漂"；电子产品生产线熟练工人首选东部沿海城市；IT 从业者的目的地仅仅是极少数中心城市，如北京或深圳；投资银行家等都希望选择能够提供很多类似商品或服务的金融产业集群地区。若转移劳动人口选择与自己技能结构相匹配的同类型行业主导的城市是普遍成立的规律，那么人口自由流动形成城市均衡结构和规模便是值得商榷的。深入探讨协同集聚活动引起最终均衡城市规模、效率及就业结构有重要的理论研究价值和现实意义。

本书讨论落后地区城镇化所构建的四部门均衡模型只是将农业、制造业和服务业三部门模型进一步细化，增加了劳动力资源部门，尽管国内还没有将劳务输出视为落后地区一个独立产出部门模型，但是本书相关研究与国内外经典三部门模型文献并没有任何冲突。该模型通过采用实验经济学模拟及经验数据方法进行预测，结果显示，无论是真实地能够观察到的统计数据，还是用实验经济方法模拟转移劳动力跨部门匹配，都能得到一些新的启示，尤其是对落后地区城镇化发展的态势以及提出的"消费性城市"的看法是比较新颖的。美国式"消费型城市"通常是高消费城市比低消费城市发展更快，而我们所定义的"消费性城市"则完全不同。它是指中国落后地区在城镇化进程中，外出务工劳动力净收入增加，居民支出多用于消费户籍地不可贸易产品及服务，从而城镇化率不断提高，并出现"消费性城市"。与不可贸易部门相比，若赞同可贸易部门长期劳动力生产率更高的观点，那么落后地区所出现的"消费性城市"长期生产率低增长可能是一种必然趋势。经济欠发达地区城市产业集聚效率低下，聚集着大量不能彼此受惠的产业，但即使经济活动共址激励并不强烈，仍然有大量外出务工劳动力选择回流，回流劳动力或者其他农村剩余劳动力在类型和技能结构方面极为相似。对中小城市既定产业结构而言，增加一单位不同劳动力类型时，对简单加工制造业、物流商贸等低端行业生产效率的提升作用将大于其他行业，从而促使地方政府必然选择性地发展这些产业集群以推进城镇化，结果加剧了低端行业效率提高程度大于其他行业的现象，使得中小城市部分低端产业较快发展，而其他行业效率提升及就业岗位数量增加受到抑制，这反而可能不利于吸纳农村转移人口。地方政府注重以产业集群政策方式来提升城市效率或扩张城市规模，而在劳动力回流趋势加剧的情形下，若按照这种模式实现城市与人口匹配，给落后区域的城镇化带来的负面效应将显而易见。针对这种双边匹配引起落后地区城镇化发展结果的不确定性，重新构建涵盖农业部门、可贸易品生产部门、不可贸易品生产部门及劳动力资源部门的均衡模型，探讨落后地区城市发展推动力量并非完全源于制造业和可贸易服务业（即工业化），而是在很大程度上依赖于外出劳动力务工收入的提高从而刺激当地经济增长的现象。这些讨论可以为决策者研究城市发展和城镇化施政纲领提供全新思维，若意识到"消费性城市"出现的可能性，将减少陷入"中等收入陷阱"的概率。

以往的研究城市经济的文献单纯分析城市内部结构与城市规模，很少分析异质性劳动人口的空间选择所引起的产业生产率变化。然而，中国城市与人口之间相互影响和双边选择所形成的内生性关系是目前城镇化过程面临的基本现状，其匹配结果可以存在多重均衡。若能在这方面有新的理论突破，那么对解释我国城市问题将是重大的理论贡献。为了更加合理地解决该独特的研究问题，我们试图在从匹配领域寻找思路和方法。匹配市场（matching markets）原理近来在经济学界被广泛研究。2012 年经济学诺奖得主、哈佛大学教授埃尔文·罗斯（Roth，1999，2005，2008）以及加州大学的劳埃德·夏普利（Shapley，1962）就是研究这一重要经济问题的开拓者。匹配基础理论与经验性研究充分结合，为微观经济工程开创了一个繁荣的研究领域，并提高了许多市场的运行效率。此外，我们采用双边市场匹配理论的另一原因是劳动力就业市场失灵。"价格修复"机制很难在异质性劳动力市场奏效，这是由于异质性双边市场存在相互选择现象，导致"价格修复"机制失灵。例如，专业化企业在招聘高技能员工时采取某种方法使备选者数量多于计划招聘数量，而同时这些专业化人才（如律师、会计师、医生、高端 IT 精英）也会在不同薪酬水平的企业间做出就业选择。由于劳动力市场双边存在相互选择，劳动工资率不易形成市场出清结果。尤其是当流动人口偏好受优质公共产品或同行业效应影响，而大城市产业政策偏好高技能劳动人口或富裕人群，其他劳动力流动受限，从而加剧"价格修复"功能的破坏程度，那么城市结构与人口的匹配结果并非帕累托最优效率。诸如投资营商环境、公共产品、就业政策和转移人口心理行为等变量引起选择效应用传统统计数据无法精准衡量。鉴于传统边际方法分析劳动力转移和中国城市生产规模效率存在缺陷，构建双边匹配模型来分析研究中国城市与劳动力匹配关系是必要的，目的是采取新结构计量方法，将选择效应和集聚效应分解，以克服城市、选择效应和集聚效应复杂的内生性所引发的问题。

第四节　理论与方法创新

针对我国城市产业集聚结构所呈现出的中性特征，本研究的主要创新可能表现在以下三个维度：

1. 切入视角维度

尽管国内外有关产业集聚的研究十分丰富，但是从产业不完全集聚出发讨论中国人口流动或城市化相关问题尚属首次。本研究着重讨论了这种产业现象对城市生产率影响的规律，从理论上阐述人口流动和城市发展相互作用的规律。本书首次提出同行业效应这一概念。同行业效应是指，在劳动人口向城市转移的过程中，某类型劳动力流入数量增加使得同类行业匹配效率更高。这里会出现两种情况：一种情况是，若城市有A、B两种产业，A类型转移劳动力的流入引起A行业生产率出现更大幅度的提升；另一种情况是，若城市只有A产业，那么A、B两类型劳动力同时转移到该城市，则A行业生产率提高的幅度会更多。这样一来，劳动力流动引起城市不同产业劳动生产率变化具有非对称性。所以，在多产业协同集聚情形下，城市达到社会福利最大化就业结构状态时，至少有一类劳动力因同行业劳动力规模扩大而实现效用得到更大程度的提升，原有的城市稳定纳什均衡必然被破坏，即城市最优就业结构与转移劳动力流动均衡可能是冲突的。

2. 理论维度

本书首次提出选择效应这一概念。除了集聚效应外，选择效应在很大程度上解释了中国城市生产率差异的原因。完全专业集聚或多样化集聚为假设的城市理论都认为集聚经济效应是城市生产率提高最重要的原因。但两者不同的是，专业化集聚强调相同产业集聚的技术外溢外部性，而多样化集聚则更多地强调跨产业多样化集聚外部性。但在协同集聚情形下，同产业或跨产业间技术（知识）外溢程度差异较大，选择效应在解释城市产出效率差异方面起到了很大的作用。也就是说，引发城市生产率差异的来源不仅有集聚效应，还有选择效应。其原因有两个。第一，事先选择（ex ante chioce）。一方面，劳动人口偏好选择同类行业主导的城市；另一方面，公共资源过度集中也加剧了高技能劳动力和优秀人才向该城市流动，而企业也会基于"政策租"区位进行选址。第二，事后选择（ex post chioce）。在规模更大的市场，仅有高生产率的企业（劳动力）可以在经过残酷的竞争后生存下来。更激烈的竞争筛选出平均生产效率更高的经济主体留在大城市，并以高工资溢价吸引更多高技能劳动力，这进一步强化了集聚经济。事后选择意味着只有更加优秀的劳动人口才能够在竞争激烈的大城市就业居住，而更加苛刻的事后选择可能会影响事先选择。反过来，更多的优秀人才在城市汇集（或城市政策租）加剧了事后选择行为。在人才汇集的大城市，选择效应更加强烈，只有具有更高生产效率且能支付更高工资的企业才能够生存下来，而工资溢价将吸引更多的转移劳动力，引发城市规模进一步扩大，进而改变城市的就业结构。

3. 模型和方法维度

其一，首次采用中国城市与人口双边匹配思想，并构建新结构计量模型（new structural model）将选择效应从集聚经济剥离出来，克服了寻找工具变量的困难，进而解决了选择、集聚和城市效率之间的内生性问题，可以更加精确地计量由选择效应引起的生产率变化对城市规模效率的影响。其二，首次利用双边市场匹配理论，并运用实验经济学模拟劳动力流动，试图证实以产业集群为导向的城镇化战略可能会引起中国城市均衡与最优结构的"二元冲突"。这意味着，人口自由流动一定能形成最优规模和城市最优结构的结论是值得商榷的，而传统计量方法和城镇化逻辑思路及策略需要一定程度的修正。其三，首次构建农业、可贸易、不可贸易及劳动力资源四部门均衡模型，讨论落后地区由恩格尔消费周期收入效应和相对生产率替代效应驱动经济结构转型的现象。本书通过劳动力跨部门流动均衡分析，以及回流劳动人口与部门匹配实验数值模拟，尝试寻找落后地区制造业或可贸易服务业生产率提高与城镇化率大幅度变动的相关客观规律，解释不可贸易部门在落后地区占比不断扩大是否具有很强的城镇化扩大效应并加速"消费性城市"产生的现象。

第二章　人口流动与城市发展

第一节　产业集聚与城市发展

一、产业集聚的形成

大部分城市经济理论均以知名的城市经济学学者亨德森（Henderson，1974）的专业化或多元化集聚思想模型为基础，并不断完善城市分析框架（Abdel-Rahman and Fujita，1993；Abdel-Rahman，1995；梁琦、丁树，2012）。这两种思想的共同特点是默认集聚经济外部效应提高了城市生产率（Puga and Diego，2010；Ciccone，2002；Rosenthal and Strange，2004），但是专业化集聚强调同类产业集聚的技术外溢外部性，而多样化集聚则更多地论述不同产业多样化集聚外部性。亨德森指出，当生产某类工业品呈现出专业化趋势时，不同企业会围绕这种产品的生产过程而紧密相连，这样一来，生产企业共同使用专业化的"劳动力池"或中间品投入。随着中间企业数量增多，下游企业向中游企业所在城市集中；同理，下游市场需求增加，生产中间投入品的企业也会向下游市场城市靠近，出现专业化经济，而该专业化集聚将引发行业规模经济，促进整个城市生产率提高。同样，生产某种产品有一系列相应的重要环节，要求所选城市需要有众多的专业化中介服务。能够为制造业提供不可贸易/产品的中介数量越多，服务越便利，对提高制造业生产率的促进作用越大。而城市规模越大,丰富的中介服务质量更高,则加剧了城市的专业化(Hansen,1990;Abdel-Rahman and Whitney,1993)。一般而言,中间投入品生产的边际报酬递增是专业化集聚的重要因素(Krugman,1991a;Anas,2003),并不能完全充分解释专业化。对于完全多样化集聚,集聚区域的产业类型是丰富多样的,比如某服务业集群能够为多类制造行业提供各种便利服务。就城市化经济而言,城市呈现多元化的好处是在很大程度上节约产品或服务跨城市运输的成本,从而使得企业生产率得以提高。而在专业化经济下,城市主要以专业化集聚为特征,此时空间集聚可产生劳动力池效应、投入品共享且知识外溢能够引起外部规模经济,从而促进城市劳动生产率提高。但是,强调专业集聚的马歇尔外部性(马歇尔,1890)与强调多样化集聚的雅可布外部性(Jacobs,1969)的结论存在非常大的差异。有学者认为,城市同行业空间专业化集聚使同产业厂商间知识与技术外溢变得更加容易,更有利于创新,即所谓的马歇尔外部性;也有人认为多样化厂商技术跨行业扩散及知识溢出对提高城市生产率的作用更大,即所谓的雅可布外部性。2021年,产业集聚模式对城市经济增长的差异性贡献莫衷一是(梁琦、钱学锋,2007;魏守华等,2020),尤其是对于均衡城市规模和结构影响还没有定论。目前,我国正在轰轰烈烈地推进城镇化进程,因此回答上述问题迫在眉睫。

追溯中国地区产业发展过程,产业空间集聚的原因复杂而特殊。概括而言,地理和历史因素、经济开放、市场规模扩大、城市化,甚至去行政化都是中国地区工业集聚产生的原因(金煜、陈钊、陆铭,2006)。路江涌等(2007)对中国近年来制造业数据的测算结果显示,尽管制造业行业集聚呈上升态势,但是该制造业集聚效应在很大程度受制于地方保护主义。此外,国有企业占比大的行业和垄断的高利润行业不易发生产业集聚(白重恩等,2004;梁琦、李晓萍,2013),这在某种意义上说明了地方保护主义降低了中国的行业集聚度。范剑勇(2006)认为,产业集聚的原动力是非农产业规模报酬递增地方化,厂商内部规模经济引起产品成本下降。而地方化经济的优势在于知识外溢、基础设施及劳动力共享。在城市化经济中，城市起到仓储作用，并实现城市内部规模报酬递增。在新型城镇化背景下，地方政府五花八门的产业集群战略进一步得到强化。20 世纪 80 ~ 90 年代的产业集聚形式，如一县一品和块状经济等模式，其集聚更多的是市场行为（胡尊国、王耀中等，2016）。近些年来各地如火如荼地推进高新区、产业园、新区及自贸区建设，但这些都不是完全的多样化，更多的是政府行为，其中既包含了前后向关联的企业，也包含彼此无关的、不能相互互惠益的企业。

二、企业选址

产业集群（clusters）一词最初为波特所专用，此后格莱泽和克莱珀（Glaeser and Klepper，2010）也对相关城市产业集群研究做了进一步探讨，其观点基本认可企业选址也存在"多数追逐"现象，企业偏好于选择同行业主导的城市。中国也不存在例外。以内资企业选址规律而言，国有企业占比大的城市不利于吸引新投资企业集聚，而同一行业或产业集群还是倾向于空间集聚（张俊妮、陈玉宇，2006）。由于上下级行政层级的事权和财权不匹配，财政转移导致产业向上级层级城市集聚（梁琦、吴俊，2008），强化了企业的"多数追逐"行为。尽管不同城市产业集聚程度差异很大，有的企业共址活动并不存在产业上下游关联，但是只要容易与当地经济要素活动发生作用，也会提高城市集聚效应（郑江淮、高彦彦、胡小文，2008）。外资进入中国的选址决策往往是为了接近市场或供应商，跨国公司区位选择的基本衡量点是集聚程度，所以中西部城市在吸引外资时不应太过于盲目（余珮、孙永平，2011）。由于不可贸易的特性，服务业必然与较大城市规模相生相伴，其生产率随城市规模扩大而呈现出先提高后降低的现象，当城市产业结构由制造业向服务业转变时，峰值也随之推移（豆建民、汪增洋，2010）。此外，城市规模需要达到一定的门限值，上下游关联产业的经济活动共址才能彼此受益。规模经济收益随着城市规模扩大而呈现出倒 U 型变化。城市规模越大，产业结构向服务业升级的边际收益越大，而我国的大部分地级市规模偏小，小于最优城市规模，因此采取加大人口集聚的措施十分必要（柯善咨、赵曜，2014）。

第二节   城市专业化集聚与多样化集聚

在获取大量有关中国的文献数据后，我们发现很多学者认同薄文广（2007）等人的观点，即专业化对城市产业增长是负相关的，多样化集聚程度与产业增长的关系不明显。针对城市多样化与专业化的种种唇枪舌剑，有些城市问题研究者更希望从城市的具体特征的角度来探讨。首先，从城市规模因素来看，专业化集聚更适合中小城市，而会阻碍大城市提高生产率，因此广大中小城市应因势利导，以推动优势产业专业化，而规模较大的城市发展多样化产业更能有效地改善城市生产率（孙晓华、郭玉娇，2013）。其次，从地域空间分布来看，相对于多样化集聚，当生产性服务业专业化集聚时，技术溢出效应对西部地区的影响更大，而多样化集聚的作用由东向西依次递减（韩峰、洪联英、文映，2014）。最后，从城市产业周期规律来看，多样化对初创企业的创新活动更有帮助，而对于成熟产业而言，专业化会大大促进产品生产标准化并提高产品出口的竞争优势（Henderson，1995，1997）。若考虑到产业周期及我国所处的城市化阶段，目前多样化集聚对区域产业经济发展更加有利（李金滟、宋德勇，2008），地方政府应加大基础性投入，有效调动劳动力等要素资源以促进产业多样化集聚。

从美国的统计数据来看，多样化更有利于城市就业增长，而专业化则不利于城市吸纳更多的就业人口（Glaeser，1992）。格莱泽（Glaeser，1992）发现，一些行业产值占比过大的城市增长相对缓慢。以美国佐治亚州为例，其有色金属产值占比较低，行业专业化不强，但其城市经济发展速度很快，而加利福尼亚州的有色金属行业产值占比很高，但二战后其城市生产率却持续下滑。

多样化集聚通常有利于增加城市就业。如果雅可布多样化理论更具合理性，那么我们对城市结构的分析应聚焦于不同产业之间而不是同产业内部。然而，与其围绕马歇尔和雅可布的观点争论不休，还不如吸取他们共同思想的精髓。迪朗东和普加（Duranton and Puga, 2001）就对此做了很多开拓性的工作。城市集聚为提高人力资本和创新创造了条件，也就是说人力资本外溢是产业增长的重要源泉，城市专业化和产业生产率依赖于受良好教育人口的丰富程度，同时丰富多样的知识跨产业交流和传播能加速城市产业增长。通常，社会环境越开放及营商氛围越自由，越有利于不同技能类型劳动人口流动及跨行业技术观念交流和传播。

第三节　协同集聚理论的发展

亨德森对城市经济问题的研究是最为系统的，其结论深受学术界认可。之后，实际上很少有文献涉及城市产业集群构成与城市结构分析。值得注意的是，协同集聚一词并没有出现在亨德森于2004年出版的《区域与城市经济论》一书中。亨德森就城市结构和规模的研究都是基于专业化与多样化这两个极端假设。经典的集聚理论及城市经济文献对于协同集聚仅是轻描淡写，比如马歇尔在深入分析单产业专业化集聚经济时对协同集聚的轻描。例如，互补性行业更可能倾向于共址，以男性劳动力为主的钢铁行业与以女性劳动力主导的纺织业的共址经济活动会降低整个企业支付工资的成本，同时城市能为家庭其他成员提供相应的就业机会，反而使得家庭总收入更高。从协同集聚的统计规律来看，多产业协同集聚大大减低了单产业专业化城市极易萧条的可能，而这种危险来源于需求下降或原材料供应商断供，因此大城市产业协同集聚在很大程度上可以避免这种现象的出现。众所周知，爱尔兰经济奇迹很大程度依赖于外商直接投资（FDI），外资流入，尤其是跨国公司入驻的外溢效应刺激了其国内经济。巴里奥萨（Barriosa，2006）梳理了埃利森和格莱泽（Ellison and Glaeser，1997）的数据分析后，对此的解释是，20世纪70年代FDI流入引发了国内和国外企业协同集聚，跨国企业对国内企业产生了技术外溢，促进其生产率提高，而且这些外溢效应带来了更多工作岗位，强化了集聚经济。

一些关于城市问题的研究还分析了协同集聚的某部分情形（Fujita and Thisse，2002；Duranton and Puga，2004；Abdel-Rahman and Anas，2004）。这些有关城市经济的研究成果反映了之前的城市经济研究者们对协同集聚现象的模糊描述，直到赫尔斯利（Helsley，2014）创造性地构建新的城市模型分析协同集聚现象。他指出，人口自由迁移所形成的城市规模的均衡状态在城市结构上却是无效率的，甚至产业结构与跨城市分区也会出现无效率，理由是个人迁移偏好非理性以及产业集群中的"多数竞逐"现象。

胡尊国、王耀中等（2015）针对中国劳动力市场与地方政府特殊性，将城市与人口视为一个双边匹配市场，这实际上是认同协同集聚经济存在"同行业效应"，即转移人口迁入数量的增加对同类行业生产率的影响更大。不管是旨在提高城镇化率，还是优化城市结构，各地的集群策略迥异：一方面，特大城市依据拥堵严重程度或环境资源压力大小，对产业准入设置一定自由度；另一方面，广大中小城市为推进城镇化进程而竞相加入"抢人"大战，但受制于财政约束问题，不可能扶持所有产业，因此必然会选择性地发展本地某些优势产业。但长此以往，城镇化的最终结果难以出现真正意义上的"单产业"（one-industry）专业化集聚城市，同时也不可能出现完全多样化城市。更重要的是，地方政府以特定产业集群为主导进行大规模产业园区和新区建设，并对集群（企业）进行土地优惠或相关补助，这将强化经济个体的"多数追逐"行为。

埃利森和格莱泽（Ellison and Glaeser，1999，2010）多次论述"协同集聚"城市产业结构变化及城市生产率提升的关联性，恰如其分地解释了专业化经济与城市化经济的产生及发展态势。另外，阿卜杜勒－拉赫曼和藤田（Abdel-Rahman and Fujita，1993）采用中间投入品的规模经济来探讨专业化或多样化城市，随后迪朗东（Duranton，2004）、库姆斯（Combes，2010）和阿卜杜勒－拉赫曼（Abdel-Rahman，2004）在讨论城市规模发展时均涉及协同集聚情形下产业增长和劳动人口就业等问题。赫尔斯利（Helsley，2014）使用博弈论与匹配思想构造的数理模型得出了令人耳目一新的结果。他认为，人口自由迁移所达到纳什均衡状态的城市规模未必是社会就业效用最优的城市结构。还有一些学者认为，政府对城市效率有着重要影响，住宅耐用性避免了城市人口自由迁移低效率与城市均衡之间的矛盾，以至于现实所给人的直观感觉是城市规模与均衡并不冲突（Henderson and Venables，1995，2009）。

在我国，由于很难出现纯粹的"单产业"专业化城市，也不可能出现完全"多产业"城市，因此以完全专业化集聚和多样化集聚假设展开城市结构和规模的研究会引发重大偏误。中国城市经济产业结构呈现不完全产业集聚特征，城市规模扩张与产业协同集聚情况具有内在联系。完全专业化集聚中本产业外部性（知识外溢等）形成本地化经济，而完全多样化集聚跨产业相互影响并促进知识传播和技术创新，形成了城市化经济。然而，城市组织形式通常呈现的是中性集聚，即介于完全多样化和完全专业化这两种极端之间。例如，长沙围绕工程机械行业已形成千亿产业集群，出现了较明显的专业化集聚特征，同时另一规模庞大的集群——食品烟草行业也在该城市共址聚集。长沙的工程机械行业和食品烟草行业共址活动关联性并不十分强烈，显然不能将这类产业共址视为专业化集聚。如果将其定义为传统城市模型中完全多样化集聚也显得不妥，因为长沙不可能遍布国民经济门类的所有行业，该城市既没有钢铁、能源、化工等传统工业，也不具备纺织业、电子信息产业比较优势。同样，温州特色鲜明的低压电器上下游产业集群与鞋革产业集群共址活动也并非城市完全多样化或专业化。

一直深耕于集聚经济微观机理研究的大师埃利森和格莱泽（Ellison

and Glaeser, 1997）创造了新的专用词"协同集聚"来刻画上述城市普遍存在的多产业共址活动现象。他们所定义的协同集聚是指异质性多产业在城市共址活动，而非单一产业上下游企业在城市空间集聚。若以协同集聚普遍性来理解城市产业结构，的确会发现几乎所有城市都呈现中性特征。在我国，专业化程度较高的不是东莞、绍兴，鞍山等，而是经济相对欠发达的伊春、崇左之类中等规模城市（李金滟、宋德，2008）。大多数省会城市的多样化程度高于专业化程度，这事实上就是此处所讨论的城市产业协同集聚，部分行业不完全集聚或多产业集群协同集聚共址活动随着新型城镇化的不断深入而呈现出更加明显的趋势。重要的是，地方政府以特定产业（商业）集群为主导进行大规模的开发区、产业园区和新区建设，并对集群（企业）进行补助或税收吸引，强化了经济主体的"多数追逐"行为（Helsley，2014）。若流入该集群的迁移人口增加对本行业生产率的外部效应大于其他行业，那么追求行业（集群）类型最优效率城市的政策不断得以强化并循环进行，使得最终纳什均衡就业城市结构并没有达到最优，但其城市规模会过度膨胀，也就是说人口自由流动形成的均衡城市规模和结构之间可能存在冲突。

国内学者对于城市化问题的思考往往基于城市化落后于工业化这一基本国情，探讨如何调整产业结构以高效率地实现新型城镇化。例如，大量城市经济文献侧重于在"半城镇化"背景下讨论城市人口与城镇化路径（王小鲁，2010；陆铭，2012；李强，2012）、城市集聚经济和产业结构等方面的问题（柯善咨、赵耀，2014；顾乃华，2011；林毅夫、陈斌开，2013）。尽管李金滟和宋德勇（2008）从多元化和专业化角度对中国城市数据进行了计量分析，但他们忽视了一个基本事实，即国内没有一个真正意义的完全专业化或多样化城市。此外，通常服务业与城市化关联更加密切，但是并没有出现像制造业那样空间集聚趋势非常强烈，反而协同集聚更能够有效地解释这个现象（Kolko，2010；胡尊国等，2015）。首先，产业集聚离心力，服务业运输成本决定了必须靠近它的消费者。由于服务业产品针对的是多样化的客户群体，这决定了其在高密度、多样化的商业城区选址是最优的，因此服务业与城市化之间的关系必然更加密切，而且倾向于城市密集的中心区域。其次，服务业并不会像制造业那样过度依赖于自然资源。最后，"劳动力池"的作用对服务业行业劳动市场的影响非常有限。尽管服务业行业专业化水平与制造业差别不明显，但是服务业职业化、专业化不易出现产业集聚的原因是，尽管服务业产业已经处于城市厚劳动力市场中，信息技术仍然在激励不同产业彼此贸易，从而形成协同集聚。

第四节　人口集聚与城市发展

一、城市不同技能劳动人口互补性差异

不论是从理论还是实践来看，基本上认可更高程度的人口集聚意味着更高的城市生产率。相比小城市，大城市的劳动生产率更高。有测算结果显示，当城市人口数量增长到原来的 2 倍，那么该城市劳动生产率会相应地提高 4.7% ~ 6.3%（Sveikauskas，1975；Glaeser and Resseger，2009）。刘易斯、费景汉和拉尼斯结构转型模型采用边际生产力来分析劳动力转移，其中隐含着劳动力转移促进城市经济增长的观点。事实上，他们关于城市与劳动力的模型的有效性是基于新古典经济学劳动力同质性的假设，刘易斯、舒尔茨和托达罗的论述更是如此。然而，在一个异质性市场的双边匹配（Two-sided matching）结构中，代理人的效用转移受到外部因素（如产业政策、公共服务）干涉，从而影响双边选择匹配结果，可能的最终结果是多重均衡。其均衡结果可能包含了城市的结构和规模都是无效率的情形。人口集聚效应体现为不同技能劳动力对城市的集聚影响力不同。更高技能的劳动人口在集聚过程中相互促进，生产效率和知识外溢程度更高（Davis and Dingel，2012；陈良文、杨开忠，2008）。均衡状态下，更高技能禀赋的劳动人口选择大城市，在这

里他们投入大量时间进行相互学习。同时，高技能劳动人口和低技能劳动人口的互补性极强（Manning，2004），尤其是在发达大城市，而这种互补性集聚会引发劳动人口就业极化现象（Autor，Levy and Murnan，2003；Mazzolari and Ragusa，2013）。这两种极端的劳动力需求在城市近距离地理靠近聚集，共同促进城市繁荣。由于高技能劳动人口转移到资源集中的大城市会增加匹配价值，知识和技术偏向型人才会不断向一线城市或东部沿海城市聚集，极大地提高了当地城市经济效率，同时也提升了其自身价值。得益于高技能劳动力能够在大城市集聚，低技能劳动力能够在不可贸易的服务行业获得大量的工作机会，如保姆、保洁工、出租车司机、快递配送员等职业。此外，低技能劳动力离开大城市的机会成本极大，而转移到小城镇无法找到合适的岗位，甚至不得不继续务农；中等技能劳动力随信息化和科学创新发展，其集聚影响力慢慢减弱，甚至在智能化大城市被边缘化，且在不同层级城市的影响力差别不大。

二、迁移选择

异于纯粹的市场经济或计划经济，我国的城镇化发展呈现出"选择"特征。从表面上看，转移人口（尤其是高技能劳动力）选择向资源和优质公共服务更集中的大城市转移，而教育程度偏低的农村剩余劳动力大都流向了东部发达或省会城市，部分未在务工城市立足的劳动力会随着年龄增大而有愿意回流小城镇的迹象，但回乡就业的前景并不明朗。然而，进一步思考可以发现，人口迁移选择还伴随着"多数追逐"现象，即部分劳动力会选择同类主导的城市，各个行业从业者都希望选择一个与自身生产相匹配的城市结构，比如北漂的艺术工作者、沿海城市电子厂工人等都希望置身于与自身技能禀赋相匹配的同类产业集群。此外，在城市公共服务不均等的条件下，"城市租"激烈使得人口流动决策具有选择性，也会导致城市均衡规模无效率扩大。然而，人口转移的异质性偏好选择也会引起产业无效率城市分布，个人选择（甚至企业驱动）并不一定产生高效率的城市规模和结构（Helsley，2014；胡尊国等，2016）。比如，城市租激励相当高，没有一个劳动力愿意"吃螃蟹"式地首次迁入，那么该城市同样保持原有的产业均衡；同样，即使一个城市存在彼此无法相互受益的产业，但城市只要为劳动力提供足够价值，（尽管提供的工资不是最高的）也能阻止其转移。

从劳动力特征来看，人口流动和均衡城市规模分布与不同技能劳动者在生产和流动方面的互补性程度关系紧密（Eeckhout, Pinheiro and Schmidheiny, 2014）。由于极端劳动力的互补性，大城市劳动力技能分布具有更明显的后尾特征，其不对称地吸引高技能和低技能劳动人口，然而平均技能的劳动力却没有发生变化（Manning, 2004）。大城市拥有更高生产率是因为更具有更大规模的人才选择大城市，更高生产率的企业在规模更大的竞争市场生存下来，进一步强化了集聚经济，从而使得大城市的高技能人才越来越多。在人口流动过程中，极端技能劳动力互补并紧密匹配。与知识外溢效应类似，劳动人口互补性会影响当地市场各种类型劳动人口的生产效率，进而决定了城市不同技能劳动力分布及其城市规模的变化。尤其是，城市人口规模随高技能禀赋人才分布变动，即存在所谓的动能函数关系（power function）。该函数将集聚经济强度和城市成本之间的权衡紧密联系起来。尤其是在当这两者间的差异性很小时，人口选择引起的微小生产率变化可能导致巨大的城市人口规模变动（Behrens, 2014）。对于异质性市场结构中出现的双边选择现象，采用边际方法分析异质性劳动力和中国城市关系的结论是值得商榷的。当控制了市场选择因素后，目前大量证据仍然表明城市生产效率与人口之间存在正相关关系。

三、人口流动与收入差距

大量城市经济学文献试图解释城市产业结构所引起的城市系统分层差异（Abdel-Rahman, 1990, 1995；Abdel-Rahman and Fujita, 1993）。同时，也有一些文献利用空间均衡框架解释专业化城市的理论（Helsley and Strange, 1990；Henderson and Abdel-Rahman, 1991）。然而，这些城市模型存在两个问题:一是忽视异质性选择与城市均衡的联系;二是不能合理解释日益扩大的收入差距。

阿瑟·刘易斯的"二元经济结构"模式认为,传统的农业部门滞留了大量的剩余劳动人口,以至于工资的边际定价法则失效,工业部门中的企业只要给出的基本工资能满足工人的生存条件,就能源源不断地获得充足的劳动力。人口转移持续,直到刘易斯第二拐点,传统部门与现代部门的边际产出相等,二元经济完全消解,经济开始进入新古典主义体系所说的一元经济状态。此时,劳动力市场上的实际工资就是新古典学派的均衡工资水平。蔡昉(2007)通过梳理中国劳动力市场和就业状况的统计数据,做出了刘易斯转折点即将到来的判断,预计劳动年龄人口在2015年前后进入零增长。但是,丁守海(2011)突破传统的古典经济强调需求分析的思想,认为劳动力剩余和劳动的供给过量并非同一概念,由于中国社会和经济的特殊性,即便有过剩的劳动力,也会出现劳动力短缺现象。当前,中国的用工短缺并不意味着中国出现了刘易斯拐点。拉尼斯和费景汉进一步拓展了刘易斯的思想,认可边际生产率已经大于零(但仍然小于制度工资),这时劳动力从传统的农业部门转移,会导致工资上涨。一般来讲,农村剩余劳动力转移到非农业部门,提高了劳动力生产率,而其他未转移的农村劳动力获得更多可用来进行规模经营的土地,其收入水平均得以提高,最终城乡差距会缩小。然而,在中国所发生的事实则是,城市户籍人口的工资不断上升,而外来务工者的收入却没有显著提高,两者的差距不断扩大。

大多数人认为,其主要原因是户籍分割导致劳动力流动障碍,以及巨大的公共服务城乡差距(陆铭、陈钊,2008;李实,2003)。目前,对国内"刘易斯拐点"的讨论较为激烈。蔡昉认为2015年就是拐点。尽管中国低工资的劳动力供给确实在减少,但并不能完全否定中国存在剩余劳动力的观点。丁守海认为,21世纪初的中国依然存在着巨大数量的剩余劳动力(2011),并通过内蒙古和甘肃两省1500户农村家庭的调查数据证明了这一判断。因家庭分工的约束,劳动力供给对工资的反应呈现阶梯形态，当劳动需求扩张时，工资变化不能引起供给调整，劳动力市场将长期难以出清，即劳动力剩余未必能够形成劳动力供给。对于刘易斯拐点的讨论，我们必须清楚刘易斯模型的两个重要假定：一是劳动力非完全流动性，边际劳动生产率被压低，使得转移劳动力保留工资更低；二是完全竞争不充分。而目前中国的两种情况与刘易斯假定并不相符。进城务工的农民与城镇劳动力的工资存在差别（刘学军、赵耀辉，2009）。甚至政府人口政策的干预也间接影响了外来务工人员的实际工资。这就说明，"用工荒"与劳动力剩余是存在现实和理论冲突的。这种"用工荒"可能使推进城镇化有所缓解，继续释放的农村劳动力能够进一步补充劳动力供给，升级的服务业能进一步缩小劳动力密集产业所占的份额，减少了这部分厂商的用工需求。

尽管中国目前分割的劳动力市场正在不断融合，人口流动的自由度逐步扩大，显著地改善了整个市场劳动人口的工资结构（都阳、蔡昉，2014），一些具有某种技能禀赋的劳动力可以从农村转移到城市，从而获得集聚收益。但是，低效率就业平台会引发城市化结果不平等，随着劳动力的流动性增强，地区和行业之间的工资收入差距会收敛，但城市内部会出现新的"二元结构"问题。这种现象可由城市中心—外围空间理论解释其部分原因。区域中心城市生产高科技产品，提供研发或金融服务，高技能劳动力与高产出企业进行双边选择谈判，并经过几番讨价还价而形成纳什均衡决策，他们将处于社会网络体系的中心位置，因此获得更高的报酬。然而，外围地区非高技能劳动力主要从事专业化农业生产，往往具有同质性特征，其工资由竞争性劳动力市场决定（Abdel-Rahman and Wang，1995）。这样一来，形成了中心与外围之间巨大的收入差距。由于我国的高技能和低技能劳动者分割于不同的劳动力市场，直接导致其获取经济收入的路径完全不同。高学历的劳动者收入的提高来源于人力资本，与职业流动性关联不大，但低收入者恰好相反。也有观点认为，低工资群体间的差异主要由歧视引起，高工资群体间的收入差异则主要是个体特征差异所致（邓曲恒，2007）。还有大量的研究认为，户籍歧视是中国劳动力市场问题的主要症结所在。

雇佣关系构成的动态变化反映了劳动力市场制度和管理模式的转型（Kalleberg，2008）。从全球范围来看，劳动力市场中的雇佣合约期限呈现出缩短的趋势，劳动力市场的灵活性显著增强。在我国，非正规就业的比重也在逐年增加。户籍制度的限制影响了劳动力市场两极就业状态，这种状态对经济和社会发展极为不利，国家城镇化专题调研组在全国不同城市的调研发现，户籍制度改革几乎遭到了所有市长的反对。从2001 年户籍制度改革文件下发，到 2011 年国务院出台《关于积极稳妥推进户籍管理制度改革的通知》，都提出地级市以下市区全部放开户籍制度，但是却迟迟落实不下去，原因就在于地方政府强烈的反对。关于城镇化的一个担忧是，城市无法创造足够的就业岗位来吸纳转移劳动力，而农村转移人口的涌入会挤压现有城市居民的就业空间。但也有研究表明，外来人口进城。既增加了劳动力供给，也增加了劳动力需求，且综合来看，需求增长通常比供给更快，结果就是随着城市的扩张，失业率反而较低。

第五节　城镇化与经济增长

一、城市化是改善经济效率的一种重要途径

早期西方发达国家的城市化是在全球相对封闭的环境下进行的，只有农业部门繁荣，才能促进城市化，但随着全球化贸易及经济开放进一步深入，目前发展中国家不一定要农业生产发达才能获得城市化快速发展，因为这些发展中国家可以通过提高资源出口或进口来保证城市充分供给（Glaeser，2013）。发达经济体人口密度增加会显著地提高城市劳动生产率（Ciccone and Hall，1996）。与此规律类似，过去 30 多年里农村剩余人口在向城市部门转移以及经济活动共址过程中，中国的劳动生

产率同样得到了显著提升。相关统计数据显示，发达国家城市劳动生产率与城市规模和经济密度弹性处于4%～5%，而从我国地级城市上述两种弹性则高达9.7%和7%（范剑勇，2006）。若某些地级城市开放大门，并且其规模扩大至原来两倍，则劳动力产出效率将直接提高20%～35%（Au and Henderson，2006）。当然，城市集聚收益与成本的比较权衡需要考虑倒U型规律，即当城市规模扩大时，集聚净收益先是快速上升，到达顶峰后会缓慢下降。鉴于当前我国经济活动集聚程度远大于人口集聚的现状，城市的数量与规模都需要进一步扩大。因此，由于集聚经济的巨大优势，大量学者极力推崇中国新型城镇化走大城市发展道路，进一步扩大规模经济效应，提高城市劳动力生产率（王小鲁，2010；陆铭、向宽虎、陈钊，2011）。相反，也有大量学者认为，目前的人口特征、城乡体制，以及地域差距等国情决定了应该走小城镇发展道路，因为推动中小城市就地城镇化能够加速城市化过程，且社会成本和心理成本是最低的，还能缓解大城市的"城市病"（肖金成，2009）。城市化、工业化和经济增长存在正相关关系。也就是说，欲推动经济增长，必须提高城市产业的空间集聚度，同时政策导向还要考虑区域平衡发展，因此决策者面对两难抉择权衡。之所以出现这么多的城市发展迥异的观点，是因为遵循集聚经济规模效应的客观规律与追求乌托邦最优城市分布两者之间的直接冲突。复旦大学城市研究课题组基于中国城市人口与高技能人口比例数据，极力推崇城市规模经济的重要性。随着后工业化时代服务业所占比例增加，这种不可贸易的产业势必需要更大的城市规模。在经济活动和人口的集聚过程中，中国的劳动生产率同样得到了显著的提升（Au and Henderson，2006a；范剑勇，2008）。转移到城市的劳动力可以获得更高的人力资本积累（Glaeser and Mare，2001）。奇科内（Ciccone，1996）证实了人口密度与劳动生产率提高存在正相关关系。

二、传统城市均衡分析

依据亨德森及其追随者的城市理论，均衡城市规模是由转移劳动力成本决定的，最终均衡城市满足转移人口效用最大化（Glaeser，1992，1999，2007）。由于强力财政、土地国有以及人口准入门槛等，达到效率最大化时的城市规模均衡状态受地方政府因素的影响是不可避免的，所以中国城市经济问题需要分析四大无套利均衡。第一，劳动力均衡意味着转移人口进入城市获取的高工资等积极效用被高房价、拥堵等消极成本所抵消。第二，企业选址均衡时意味着企业在大城市往往会支付高工资成本，但是大城市高生产率会直接弥补企业的用人成本。或者企业产品更加接近消费市场或供应商，因此节约了交通运输成本，而交通运输成本的降低使得企业更加具有生产力，从而补偿了高工资成本。第三，房地产开发均衡意味着开发商在不同城市项目的利润率趋于相等，不会出现某个城市的房地产收益低却供应过剩，而另一个城市的房地产收益高却供应极度短缺的情况。第四，政府政策均衡意味着集聚经济产出收益被集聚负外部成本所抵消。由于拥堵、环境污染等负外部性不是完全由转移人口负担的，政府制定土地开发政策以及设置人口流动自由度也具有一定的合理性。之所以均衡城市会出现这些种类子均衡，是因为经济主体的任何区位选址的决策都体现了"没有免费的午餐"这一基本规律，即弗里德曼认为的"没有免费的午餐"基本规律具有普遍性。经济主体因某些城市的有利因素而受惠，那么其必然被某些不利因素所抵消。通勤成本增加使得实际收入降低（Alonso，1964），环境污染、交通拥堵削弱了人口向大城市集聚的吸引力，地租和雇佣工人成本上升使得厂商倾向于偏离集聚区。只有区域间交易成本高于集聚临界值时，稳定均衡才会被破坏（Krugman，1991）。从城市角度来看，当城市间交易成本高于城市内部拥堵成本时，集聚倾向于稳定均衡。就是这种集聚的正负效应，可能使得城市收益与城市规模存在倒 U 型关系，欧和亨德森（Au and Henderson，2006）认为，中国的数据显示中国的情况与这条倒 U 型曲线基本吻合：在峰值出现之前，处于低水平城市化阶段，城市经济集聚收益急剧上升，人均收入提高相当快，而在达到峰值之后便开始下降，且降度较为缓慢。他们选取了 205 座中国城市的数据作为分析对象，其中51%～62%的城市规模小于最优规模。结果显示，这种人口流动约束降低了整个社会福利水平，过小的城市规模使得职工平均产出降低了17%。

三、城市规模

人口和居民享受城市集聚带来的高工资、城市公共设施等正外部性，而相应引起的环境污染和交通拥堵等负外部效应则由政府负担，这导致代理人收益与成本不对称，市场自发调节可能引起人口过度流入以及城市人口超过最优规模等问题，最终并不能形成最优城市规模（王小鲁，2007）。亨德森（Henderson，2007）认为，中国财政和资本的行政性倾斜使得人口过度流入拥挤的超大城市是值得警惕的。深度的市场化能部分地避免这种超大城市的出现，使得企业区位选址和劳动力等要素流动自由化和合理化。在集聚效应和拥挤效应的权衡之下，均衡城市最终能够达到城市产业劳动生产率最大化的状态。当然，城市最优规模并非简单的数值规律，而是与城市的内部和功能结构相关联。亨德森（Henderson，1974）构建了包含规模经济收益和集聚成本两因素的城市模型，认为集聚收益形成专业化分工不同，使得城市最优规模存在差异。在功能分工方面，大城市承担着总部经济集聚与高级商贸服务的功能，而中小城市往往发展普通制造业较为适宜（Durantan and Puga，2005）。事实上，城市产业间或协同集聚内部行业结构影响着城市的效率和规模（Helsley，2004；胡尊国、王耀中等，2015，2016，2017）。卡佩洛和卡马尼（Cpello and Camagni，2000）利用意大利58个城市的数据考察城市的"效率规模"，指出城市效率规模随着城市部门结构的调整转型而改变。卡佩洛在其2013年撰写的文章中提供了新的证据。相对于大城市，小城市的非农产业所占比例对土地产出率的影响更大。城市规模在很大程度上取决于产业结构对产出效率的影响（豆建民、汪增洋，2010）。在生产性服务业与制造业协同共址的情形下，产业结构和城市规模共同影响城市的产出效益。也就是说，城市规模需要达到一定门限值，上下游关联产业经济活动共址才能彼此受益。城市规模经济收益随着城市规模扩大而呈现倒 U 型变化，城市规模越大，产业结构向服务业升级的边际收益越大。但是，我国的大部分地级市规模偏小，小于最优城市规模，因此这些城市仍然需要很大的人口集聚空间（柯善咨、赵曜，2014）。然而，安纳斯（Anas，2003）在分析城市内部产业结构时发现，城市人口规模不断扩张，反而最优城市规模不断缩小，经济活动趋于分散趋势，甚至出现单独厂商分别在不同城市分布的情形，即所谓的逆集聚（De-agglomeration）。当然，安纳斯的结论仅仅是对新经济地理理论假设消费者多样性偏好所形成集聚经济的否定。这与现实中运输成本不断降低和大城市人口越来越多的实际经济现象相违背。

四、城市规模合理调控

从斯威科斯卡斯（Sveikauskas，1975）采用美国 1967 年的数据对劳动生产率与城市人口规模进行的实证研究结论来看，城市规模与生产率的正相关性非常显著，当城市规模扩大到原来的两倍时，城市劳动生产率会提高 5% ~9.8%。其他绝大部分关于城市经济的研究结论都证实了集聚经济对劳动力生产效率的正向作用（Tabuchi，1986；Henderson，1986）。首先，我们不得不承认存在这样的现象，即世界上几乎所有经济活动都呈现向少数超大城市或都市/城市群集中的趋势，该趋势在发达经济体更为明显。其次，我们惊叹于一个令人诧异的研究结果，即按照齐夫法则[①]，第一大城市的人口规模在很大程度上由国家总人口决定（解释程度高达 84.64%），第二大城市的人口规模将是第一大城市人口的 1/2，第三大城市的人口将是第一大城市人口的 1/3……很多学者考察了中国的城市规模分布，发现结果基本符合齐夫分布（张涛、李波，2007），但是和美国以及其他发达国家的城市规模分布相比，中国较大

[①]　齐夫法则（Zipf's law）最早是语言学家（George K. Zipf）发现的关于单词出现频率与其频率表中的排名之间的规律。齐夫也用这一规律解释了美国的城市规模分布。在他之后，很多学者也发现美国的城市规模分布和齐夫法则的吻合度较高（Gabaix and Ioannides，2004）。

的城市之间的规模差距不大。也就是说，按照齐夫法则，上海的人口规模并不是人们所认为的那样"太大了"（陈钊、陆铭，2014）。然而，城市规模演化呈现齐夫法则是有条件的，即资源要素具备完全流动性（Duranton and Puga，2004；Abdel-Rahman and Anas，2004；Black and Henderson，1999）。通常，城市房地产和基础设施沉淀成本巨大且具有不可流动性，如果不考虑这个因素，均衡城市人口规模会有大幅度波动，而且满足齐夫法则也是非常正常的。但是，中国城市规模演化规律不太一样，新型城镇化完成后出现与齐夫法则一样的城市规模分布有待深究：一方面，尽管由开发商大规模土地开发所形成的均衡城市规模可能会过大或者过小的理论情形是存在的，但在现实中房地产开发商是一群非常理性且有远见的投资者，他们愿意在竞争性房地产领域投入巨大的沉淀成本，这注定了这方面的投资属于长期市场行为。同时，房地产作为一种不可移动性的契约担保，预示了未来城市规模和增长是平稳的（雷潇雨、龚六堂，2014）。另一方面，地方政府在城市发展过程扮演重要角色，政府利用融资平台借未来的收入对新产业集群进行补贴并吸引新转移人口，发行地方债，土地供给控制，推动基础设施建设，这显著地平滑了政府实际收入，也平滑了住房成本。最终结果是，城市规模平稳扩大，而不会出现瞬间跳跃（Henderson，2008）。因此，政府实施干预，将外部性问题内部化是必要的，这在很大程度上避免了完全竞争引起的城市最优规模过大或过小。

五、社会距离会引发均衡城市内生性地理分割

随着交通和信息技术进步，越来越多的人质疑这样的观念，即城市经济主体相互交流及思想碰撞所形成的技术传播优势会慢慢消失。格莱泽等人对此的回答是，城市本身就是一个社会网络，城市集聚经济增长或衰落就取决于这种交互活动的程度。城市空间集中的交互活动引起知识外溢或其他资源的报酬递增，从而引起生产率提高。中心城市走制造业专业化集聚发展的道路的可能性不大。中心城市的产业结构由高附加

值的服务产业构成，比如法律、金融、会计、国际物流等行业，由于这些行业更容易接近顾客或彼此互动，间接地提高了行业劳动生产率。这些类型服务业彼此互补，意味着上海的律师比湘西边远地区同类型律师拥有更高的生产力，这是因为在上海，法律咨询与金融服务行业可以与潜在客户进行近距离的交互活动，从而更具优势。这种距离接近并不意味着降低运输成本或交易成本，而是获得了知识的外溢。重要的是，我国新型城镇化过程中包含了大量非市场化的交互活动，例如乡土情怀、同群效应、户籍管理及特殊的土地制度。最常见的社会网络是劳动力市场就业网络。农村转移的劳动人口尽管在区域经济中心城市务工，但是却无法拥有和城市劳动人口一样的就业条件，这通常是因为他们偏离社会网络中心，而且参与社会网络中心的平台低，因此使得这些远离社会网络中心的农村转移人口无法获得好工作和信息的交互机会。于是，这些转移人口（没有高质量的朋友圈）最后会选择在小城市或小城镇定居，而这在很大程度上降低了他们获得较好工作的机会。由于这类社会外部性的存在，市场均衡并不是最优社会结构（Helsley and Zenou，2014），所以政府对交互活动进行补贴很重要，即有利于市场均衡时实现最优城市就业结构配置。从城市公共产品特征的视角来看，人口流动出现三种可能的城市均衡分布形式（Wang，2003）：（1）完全分割，（2）不完全分割，（3）完全一体化。城市公共产品供给、转移人口异质性偏好选择导致分割式均衡（Segregated equilibrium）城市结构是非常可能的。这时，需要对蒂伯特（Tiebout，1956）假说进行重新审视。尤其是，转移人口需要在物理距离和社会距离之间进行权衡，因此人在往返中心城市以及其交互活动频率决策会形成一个纳什均衡，所以社会网络结构在决定城市均衡时起到了重要的作用。当转移人口进行空间选址时，越接近社会关系网中心的人口越倾向于进一步接近交互活动的核心区，这会引发因社会距离而造成的内生性地理分割。

第三章 人口与城市匹配
理论及模型

第一节 产业协同集聚结构与劳动力匹配

一、同行业效应的数学含义

采用完全多样化集聚或专业化集聚模型分析城市产业，往往会得出许多相互矛盾的结论。而赫尔斯利（Helsley，2014）对协同集聚现象的独到见解及新城市模型的构建为城市体系规划者提供了全新的视角。他认为，人口自由迁移所形成均衡城市规模与城市结构并非一定达到最优，其原因就是在产业协同集聚情形下，"同行业效应"或"多数追逐"是普遍存在的。大量的证据表明，某类型劳动人口集聚增加对城市本行业就业结构冲击及生产效率提高产生了更大的影响（Henderson，1995，2003；Rosenthal and Strange，2004；胡尊国等，2015）。按照协同集聚所构建的城市模型，集聚经济不仅涉及同产业上下游，还包括跨产业空间共址。一方面是本地化效应，某一特定产业相关劳动人口空间集聚；另一方面是城市化经济，城市多样化行业或劳动人口经济活动。此时，最优城市结构和均衡规模依赖下列两个方面的匹配程度：

第一，固定的某一产业与不同劳动力类型匹配效率。当 $n_{ij} = n_{kj}$ 时，$\partial g_i / \partial n_{ij} > \partial g_i / \partial n_{kj}$，$i$ 类劳动力在 j 城市的就业总数量表示为 n_{ij}，城市 i

行业生产率为 $g_i(\cdot)$；在 i 类和 k 类劳动力相同数量的情形下，增加一单位 i 类劳动力比增加另外一单位 k 类劳动力对 i 行业人均劳动力生产率 $g_i(\cdot)$ 具有更大的促进作用。

第二，固定的某一类型劳动力与不同产业结构匹配效应。满足：$\partial g_i/\partial n_{ij} > \partial g_k/\partial n_{ij}$，相对于 k 产业而言，增加一单位的 i 类劳动力对 i 型产业人均劳动力生产率具有更大的作用。

上述两种情形就是同行业效应的具体数学表述。

二、行业最优城市

行业最优城市是指，城市 i 类劳动力效用最大化的就业结构。例如，j 城市里 i 行业最优城市结构 $\vec{n}_j^{*i} = (n_{1j}^{*i}, n_{2j}^{*i}, \cdots, n_{Ij}^{*i})$ 就是 i 类劳动力在 j 型城市就业效用水平 $U_i(\vec{n}_j)$ 的最大化状态。$U_i(\vec{n}_j)$ 取决于城市多产业协同集聚中就业结构（影响工人的工资水平）与城市生活成本的比较。处于 i 行业最优城市时，增加其他任何 k 行业劳动力对 i 类行业劳动生产率的影响是一样的，即满足 $\partial g_i/\partial n_{ij} = \partial g_i/\partial n_{kj}$。若对所有 i 行业而言，人均劳动力生产效率函数 $g_i(\cdot)$ 相同，那么城市所有最优就业结构是相同的。劳动人口流入同行业和跨行业因素对产业劳动生产效率的影响有很大差别，但是它却被传统的集聚经济理论所忽视。事实上，城市产业劳动力生产效率 $g_i(\cdot)$ 随集聚行业差异而变化。例如，由于外贸加工业和金融服务业的本行业效应与跨行业效应不同，那么以外贸加工行业为主的最优城市就业结构一定不同于以金融服务行业为主的城市的最优就业结构。当 $n_{ij} = n_{kj}$ 时，$\partial g_i/\partial n_{ij} > \partial g_i/\partial n_{kj}$，$j$ 城市的外贸加工业 i 和金融服务业 k 的就业劳动力数量相同的情形下，迁入一位外贸加工业劳动力比迁入一位金融服务业类劳动力对于城市人均劳动力生产率具有更大的促进作用，因此外贸加工业最优城市的该行业劳动力就业占据绝大部分比例，结果会导致该城市外贸加工业从业人口规模过大。

三、城市最优就业结构

城市帕累托最优结构是指，全城市所有类型劳动力效用加权总和满

足 $W = \sum_{i=1}^{I} \lambda_i U_i(n_{1j} n_{2j}, \cdots, n_{ij})$ 最大化，其中福利权重 $\lambda_i > 0$，$\sum_{i=1}^{I} \lambda_i = 1$，$\lambda_i = N_i \Big/ \sum_{i=1}^{I} N_i$。

当达到帕累托最优城市结构时，加权效用和函数一阶求导满足：

$$\sum_{i=1}^{I} \lambda_i \partial U_i / \partial n_{kj} = \sum_{i=1}^{I} \lambda_i (\partial g_i / \partial n_{kj}) - c'(N^j) = 0 \qquad (3.1)$$

式（3.1）可推导出由不同权重 λ_i 构成帕累托效率最优就业结构组成的契约曲线。图 3.1 展示了城市经济只包含纺织业和家用电器两种产业协同集聚的就业结构。

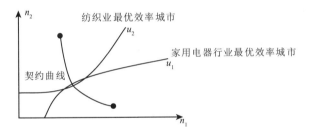

图 3.1　行业最优效率城市

第二节　城市与人口内生性问题

人口转移与经济增长的关联性是当前人们热议的话题。从一般意义上来讲，产业集聚所产生的规模经济，以及人口集聚所带来的外溢效应是城市增长的源泉，但是还有一股重要的力量影响着城市生产率的差异，即选择效应。人口流动的偏向以及市场竞争程度均影响了城市生产效率的差异程度。这意味着选择效应来自两个方面。一是迁移选择。公共资源分布不均衡，以及地方产业政策差异均会引起人口迁移选择具有偏向性。二是竞争选择。在规模更大、产业效率更高的城市，劳动力或厂商竞争更激烈，会淘汰低生产率的经济个体。

　　当前，在轰轰烈烈的城镇化建设过程中，选择效应是客观存在的，因为若只有竞争选择而没有迁移选择，那么城市规模在地理上会呈现均匀分布；若只有迁移选择而没有竞争选择，那么所有城市的生产率是完全相同的，而这两种情况显然与中国城市发展现状不相符。目前研究的困难是如何甄别集聚效用与选择效应，以解释我国城市生产率的差异。城市设定人口流动自由度与流动人口迁移偏好异质性究竟如何实现城市与转移人口的双边匹配，进而影响企业效率，并决定城市最优规模和生产率？

　　选择效应在现有的统计技术下难以度量和甄别，传统边际分析方法及计量估计导致结论重大偏误。贝伦斯和迪朗东（Behrens and Duranton，2014）对这个问题有独特的见解，根据之前对美国人口—城市收益的回归结果，城市人口取对数后的系数是 8.2%，但是在排除人口迁移选择后，他们的模型的这一变量估计结果下降到了 5.1%。由于考虑了选择效应，故该估计系数反映了迁移成本的大小。库姆斯（Combes，2012）采用特征—参数分析原理，对法国企业与城市关系进行了探讨。他得出的结论是，该国大城市高生产率源于集聚经济，而非选择效应。然而，他们都忽视了集聚、选择和城市生产率之间内生性问题。若深入考虑城市与人口双边选择和匹配情形，那么该问题会变得十分复杂。在城市与转移人口双边选择情形下，多维统计数据无法观测变量内在选择特征。这样一来，传统回归结果误差项与转移人口偏好特征相关，而且对转移人口特征真实情况估计系数也有偏误，结果会高估集聚效应。例如，对于公共资源集中的城市（统计数据没有观测或者无法使用数字计量）与高技能转移劳动力匹配，那么误差项就一定与高技能劳动力特征正相关；相对于中低等技能劳动力，高技能劳动力集聚效应真实估计系数也偏大，因为城市固有的"政策租"优势并非高技能劳动力集聚效应引起城市生产率提高，而仅仅是高技能劳动力的选择效应而已。解决内生性问题的通用做法就是采用工具变量。工具变量应与城市生产率相互独立，但是跟劳动力特征相关。不幸的是，要在市场因素和行政因素双重影响中找到这个工具变量是十分困难的。奇科内（Ciccone，2002，2010）在引入工具变量分析选择效应方面的工作最为突出。他最开始采用解释变量的初期值，在 2002 年使用土地面积作为集聚密度工具变量，而近几年则采用土壤质量作为经济集聚活动的工具变量。

解决城市生产率、集聚及选择内生性问题是当前城市经济研究最重大的问题之一。鉴于中国城市与人口之间独特的双边选择，我们采用双边匹配思想并构建新结构模型计量方法（new structural model），将选择效应从集聚效应剥离出来，以克服难以找出合理的工具变量来解决内生性的困难。在一般情形下，采用实证化匹配方法处理内生性问题的效果优于概率模型。

第三节　城市与人口双边匹配

一、双边匹配概述

不同于完全市场经济和传统的计划经济，目前中国新型城镇化过程中城市和人口呈现出"双边选择"特征。从当前劳动力流动的方面分析可见，高技能劳动人口选择向资源和优质公共服务更集中的大城市转移，而教育程度偏低的低技能劳动力大都流向东部发达城市或省会城市，但他们并没有获得所在城市的公共服务，即所谓的"半城镇化"。部分农村转移劳动力受年龄增大以及大城市高生活成本的制约，有愿意回流小城镇的迹象，但回乡就业的前景并不明朗。从政府角度来看，地方政府并没有被动地应对人口的变化。超大城市在环境污染和交通拥堵等城市集聚成本压力下，对产业集群政策和人口政策均进行了主动调整；以城镇化政绩为导向中小城市，地方政府极尽一切产业集群手段和人口政策推动农村流动人口入城居住，尤其在中西部（胡尊国等，2015，2017）。

由于具有优质公共资源的大城市过度集中，以及东中西部发展的程度悬殊、不同行政层级城市发展角色不同，不同地方政府推动劳动力转移的政策差异较大，从而加剧了人口流向的选择性。中国劳动力转移是一个多方决策的过程。劳动力转移决策会比较期望收入和成本。地方政府要在聚集效应和拥挤效应间的均衡中做出人口与产业政策选择。转移劳动力就业选择同时也受制于企业竞聘筛选。其实这都属于代理人双边选择的过程，城市与转移人口相互选择博弈的结果就是双边匹配：

匹配机制 $\mu: M \cup W \rightarrow M \cup W$，$w = \mu(m)$，当且仅当 $\mu(w) = m$；对所有的 m，w 满足 $\mu(w) \in M$ 或 $\mu(w) = w$；同时，m 也满足 $\mu(m) \in W$ 或 $\mu(m) = m$。也就是说，双边市场匹配的结果要么与对方市场代理人匹配，要么与代理人本身匹配。如果代理人 k 相对于 $\mu(k)$ 更愿意选择不匹配，$k >_k \mu(k)$，则称为一种匹配机制 μ 被某个人代理人 k 阻碍。同理，定义 μ 成对代理人的阻碍：$w >_m \mu(m)$ 且 $m >_w \mu(w)$ 意味 (m, w) 更愿意选择对方与自己匹配。若成对代理人之间没有堵塞匹配 μ 的情况出现，则称匹配机制 μ 是稳定的。若匹配结果是稳定的，那么以下两种状态将不存在：一是对代理人抛弃已有匹配状态，而更愿意与其他代理人相互形成匹配；二是某代理人愿意放弃已有匹配状态，更偏向不匹配。

现实市场环境中普遍存在各种非均衡情形，而均衡理论是以市场出清为基础的。若以此为分析框架，将跨期动态优化模型应用于现实的经济环境，显然是行不通的。劳动力市场的供给和需求客观现象经常表现出非均衡波动，真实经济周期（RBC）模型在解释就业波动时难以自圆其说。尽管许多经济模型引入了契约和效率工资，但在解释劳动力市场上的非均衡状态时也不甚合理（Benassy，1995）。为此，凯恩斯学派及新古典经济学派新锐都企图在传统价格机制和竞争性市场体系方面寻求新的突破，但一次次经济危机让经济学家的价值观正在发生微妙的变化。

在异质性劳动力、高中择校、高校录取和婚姻等市场里，价格机制的"价格修复"会完全失灵（Roth，1990；Bresnahan，2005）。这意味着竞争均衡理论对非价格因素所引发资源配置扭曲现象往往缺乏解释力，尤其是劳动力市场存在"市场摩擦"（Roth，1984，1985；Crawford，1981，1991）。例如，高校不能通过调整学费来正好达到预设的录取名额。通常，高校学费设定在这样的水平，即愿意就读的学生数超过录取数，然后从中挑选部分申请者。特定专业化公司与大学毕业生的工资水平不易达到市场出清，因为一个求职者不只是单向选择企业，同时也必须被企业选择。

匹配双方对另一边的市场都存在偏好，这是许多重要市场的主要特征，所以匹配市场（matching markets）已经在经济学中被广泛应用。在城镇化过程中，城市、企业和劳动力三方代理人是内部关联的市场。一方代理人的行为依据其他代理人的行为或选择，比如大城市对一个农村转移劳动力落户有一定的准入标准，其依据是流动人口在城市有稳定的就业、购买了住房，以及缴纳社保等情况。但是，这些代理人是离散和异质性的，同时还附有内在契约，因此这种内部关联市场用竞争性均衡思想来处理显然不是很合理。例如，在宏观层面上谈论中国当前是否存在剩余劳动力、劳动力转移数量问题、城镇化均衡以及公共服务均等化的同时，需要进一步分析市场匹配双边偏好或代理人异质性情形，同时注意契约的存在和唯一性。

二、对传统研究偏误的讨论

匹配市场存在双边选择。比如，大城市对转移人口设定某种程度的流动自由度，当市场高技能劳动人口增多时，必然引起某些劳动力在市场竞争中失利，并可能迁移到级别更低（或规模更小）的城市匹配。人口转移决策依赖于其他转移劳动人口特征，但是最终选择性转移引发的匹配结果独立于其他劳动人口特征。其他转移劳动人口特征属于是一种外生变量，与工具变量类似。采用匹配理论中的计量模型就是用上述原理来区别协同集聚经济和选择效应。目前，很多以匹配为思想的学术文献都利用这种方法来讨论计量模型中外生变量问题（Berry，Levinsohn and

Pakes，1995；Sørensen，2007；胡尊国等，2015）。实际上，匹配模型参数估计是一件非常复杂的工作，但是采用马尔科夫蒙特卡洛法（MCMC）和Gibbs 抽样的贝叶斯估计通常比较灵活（Geweke，Gowrisankaran and Town，2003）。在一般情形下，采用实证化匹配处理内生性问题的效果优于概率模型。但是，匹配模型也存在内在制约和不足。第一，稳定均衡是静态的，其没有把握市场的动态特征。第二，假设信息完全性。地方政府政策或优质公共资源影响人口转移，这说明劳动人口转移并非其主动发现城市，并且与城市建立良好匹配关系。第三，由于计算的复杂性，不得不对估计模型的某些具体细节做出一定的妥协，比如计量模型没有固定效应、随机效应，以及总体误差项。

　　为了讨论传统计量方法在量化劳动人口与城市匹配关系时所出现的偏误，先考虑一个简单的例子。假设一个简单的双边匹配市场，包含了五个转移劳动力，$i = A, B, C, D, E$；四座城市，$j = 1, 2, 3, 4$。每个转移劳动力有某单一特征，比如技能禀赋，其属于能被观测的数据。假设转移劳动人口技能为 $X_A = 1$，$X_B = 2$，$X_C = 3$，$X_D = 4$，$X_E = 5$；每个城市在产业、人口及资源等方面有自身潜在的特点，比如城市公共服务资源优势或者人口流动的自由度等，这些城市数据特征无法通过目前的技术统计手段获得。设四个城市政府特征，$X_1 = 1$，$X_2 = 2$，$X_3 = 3$，$X_4 = 4$，四个城市与五个转移劳动力可能有 5^4 个潜在匹配结果。其结果由以下结果方程决定：

$$Y_{ij} = \beta_0 + \beta_1 X_i + \beta_2 X_j + \varepsilon_{ij} \tag{3.2}$$

其中，Y_{ij} 是匹配结果，X_j 和 X_i 分别是异质性劳动力特征和城市特征。为方便起见，令 ε_{ij} 等于零，真实参数为 $\beta_0 = 0$，$\beta_1 = 0$，$\beta_2 = 50$。因为 $\beta_1 = 0$，所以其结果不再依赖于劳动力异质性特征，即不同类型的劳动人口技能特征的集聚影响力无差异。高技能、中技能或低技能劳动人口对城市增长结果的影响几乎不存在。

　　结果如表 3.1 所示。

表 3.1　　四座城市与五（六）个转移劳动力之间的匹配市场

劳动人口	4($X_4=4$)	3($X_3=3$)	2($X_2=2$)	1($X_1=1$)
F($X_F=6$)	200			
E($X_E=5$)	200 200			
D($X_D=4$)		150 150		
C($X_C=3$)			100 100	
B($X_B=2$)	200		100	
A($X_A=1$)				50 50

注：有下划线的数字表示劳动力 A、B、C、D、E 与城市的匹配结果。没有下划线的数字是劳动力 A、B、C、D、E、F 的匹配结果。

上述问题按普通最小二乘法（ols）估计得到缺陷方程 $Y_{ij}=\beta_0+\beta_1 X_i+\varepsilon_{ij}$ 的估计系数是 $\beta_0=40$，$\beta_1=40$，即异质性劳动力技能特征对城市协同集聚影响力的估计值远远大于真实值零。这个偏误来源于城市租激励所引发人口迁移选择效应没有被数据体现出来。具体来讲，这是政府因素或者公共服务资源引起的。相应地，若劳动人口迁移选择特征不能被统计数据所体现，那么城市特征（包括集聚经济和政府因素等）对匹配结果的估计也存在偏误。

为了解决这个问题，考虑将市场规模扩大，比如增加一个转移劳动力 F 到市场中，$X_F=6$。由于 F 存在，扩大了城市市场竞争，那么仅有生产率更高的劳动力能够留在大城市，那么必然会降低其他劳动力在城市就业市场竞争性匹配排列（即竞争选择效应），使得劳动力 B 从城市 4 转移到城市 2。不管城市是包含 B、E 特征的两类劳动力，还是包括 E、F 特征的劳动力，最后结果却是相同的。该结果表明，城市发展结果与劳动力特征没有关系，那么采用有缺陷的结果方程来分析劳动力对城市发展影响的系数估计是有偏误的。保持原市场与扩大规模的市场匹配会出现两种不同的结果是因为双边匹配有外生变量作用。为了实证分析城市与劳动人口双边选择关系，本书引入了双边匹配模型作为研究方法。

三、匹配模型的主要假设

针对男女婚配等双边匹配问题①，夏普利（Shapley，1962）提出了一种能够找到稳定匹配的算法——延迟接受机制（DA 机制），该"一对一"的双边匹配最终结果达到了帕累托效率。罗斯（Roth，1999）采用类似的方法对"一对多"择校问题进行了研究，旨在探讨匹配双边存在严格偏好且招生数目有限的条件下，学校招生和学生入学双边市场如何实现最优匹配问题。瑟伦森（Sørensen，2007）巧妙利用匹配思想设计了新的计量模型，以解决资本市场风险投资者与多个公司相互选择关系所引发的内生性问题。

探讨我国城镇化转型背景下劳动力选择性转移和城市发展问题时，需要面对人口流动规模巨大、区域发展不平衡等特殊国情，所以对城市与人口的匹配关系进行了如下简化。第一，城镇化转型时期的劳动力转移假设为"一对多"情形，即一个城市与众多不同异质性劳动力匹配。第二，由于受公共环境和资源有限性的约束，城市的总容量是有限的，同样流向城市的劳动力也不可能无穷多。第三，由于假设市场代理人的异质性，所以匹配双边代理人偏好很难从真实环境中获得，且对匹配模型双边代理人效用转移限制规范有些主观化和理想化。每个潜在匹配结果都有匹配价值 V（matching valuation），城市与人口匹配模型假设转移劳动人口在匹配值 V 中获得的比例是 α，则城市获得的比例就是 $1 - \alpha$。若将 α 固定，则双边代理人的效用不可转移。例如，某些经济欠发达、

---

① 2012 年，经济学诺奖得主、哈佛大学教授埃尔文·罗斯（Alvin Roth）以及加州大学劳埃德·夏普利（Lloyd S. Shapley）是研究这一重要经济问题的开拓者。尽管两位博弈论学者的研究是各自独立完成的，但夏普利的基础理论与罗斯的市场设计（Market Design）经验性研究充分结合，为各类实验和实际设计开创了一个繁荣的研究领域，改善了许多市场行为。

自然环境恶劣的中西部城市，即使转移或分享更大份额的匹配值，也不可能吸引大量高技能禀赋劳动人口，难以形成很强的集聚经济。双边匹配市场模型将分享份额比例 α 固定的优点就是确保该模型只有一个稳定均衡结果。否则，变化的份额比例 α 会导致多重稳定均衡结果。比如，高校录取匹配问题就容易出现这种现象，最终导致似然函数难以处理（Bresnahan and Reiss，1991）。

四、双边匹配基础理论

模型含有两个不相交的有限集合，城市集 C 与转移人口集 W，双边市场全集 $Q = C \cup W$，"城市租"影响人口转移，用 S 表示城镇化因子，由公共服务资源、人口流动自由度、产业集群政策等构成抽象契约。那么，一座成型城市结构就是 $W \times S$ 的某子集，也就是 $2^{W \times S}$ 种情况之一。假设城市与转移人口有严格偏好，那么城市与人口双边匹配就是这样的函数：

$$\mu : Q \to 2^{Q \times S} \tag{3.3}$$

且满足：

如果 $(i,s) \in \mu(j)$，那么 $(j,s) \in \mu(i)$；

如果 $i \in C$，$\mu(i)$，那么一定是 $W \times S$ 的子集；

如果 $j \in W$，$\mu(j)$，那么一定是 $C \times S$ 的子集。

相应地，$i \in W$，$(i,s) \in \mu(j)$ 指的是，当 s 城镇化因子时，转移人口 i 与城市 j 匹配；对 $i \in Q$，A 是指涵盖城市 C、转移人口 W 和城镇化因子 s 的契约集。$Ch_i(A)$ 表示 i 最偏好的子集。通过定义便得知如下性质：

性质 I，$Ch_i(A) \subset A$。

性质 II，若 $Ch_i(A) \subset B \subset A$，则 $Ch_i(A) = Ch_i(B)$。

性质 III，若 $(j,s) \in Ch_i(A)$，则 $Ch_i(A) - (j,s) \in Ch_i(A - (j,s))$。

性质 I 和性质 II 显然是匹配函数偏好性质，而性质 III 说明，尽管代

理人明白 (j, s) 是不可获得的，但仍希望增加备选对象 (j, s) 到已有的选择集合中。也就是说，选择偏好的出发点往往来自身利益。在匹配文献中使用稳定性（stability）来代替均衡概念。定义匹配 μ 是稳定的，对于所有的 $i, j \in Q, s \in S$ 则一定满足：

（1）$Ch_i(\mu(i)) = \mu(i)$，即转移人口不会放弃当前的匹配城市与转移其他新城市，i 依据偏好选择满足个人理性。

（2）若 $(j,s) \in Ch_i(\mu(i) \cup (j,s))$，则 $Ch_j(\mu(j) \cup (i,s)) = \mu(j)$，即 (i,j) 在 s 条件下不存在阻隔对（blocked pair），双边代理人打破当前匹配而形成新匹配时，更优的结果不存在。常见的择校录取就是需要满足群体稳定性（Roth and Sotomayor, 1991）。哈特菲尔德（Hatfield, 2010）假设双边交易者满足连续性及拟线性偏好，确实能保证偏好替代性情形下任何交易稳定性结果是存在的，匹配结果稳定集基本上相当于瓦尔拉斯均衡。尽管当偏好范围扩大时，上述稳定结果和竞争性均衡不见得一定存在，但阿瑟韦多（Azevedo, 2011）的研究结果表明，在不可分割商品和拟线性偏好一般均衡中，只要满足交易者连续性假设，即使缺乏偏好总体替代的条件，匹配稳定性依然存在。

转移人口依据预期收入、生活成本和享受的公共服务状况，对不同迁移城市进行偏好排序。城市依据人口集聚效应和拥挤效应，对转移人口也有一定的偏好排序。为了探讨这些偏好，需要对每个潜在的双边选择结果确定匹配值 V。转移人口 i 和城市 j 的匹配值是 V_{ij}。转移人口以固定比例 $\alpha(0 < \alpha < 1)$ 分享 V_{ij}，城市的比例则是 $1 - \alpha$。转移人口 i 和城市 j 的偏好组合分别以下列利润函数表示：

$$\prod_i(\mu(i)) = \alpha \sum_{j \in \mu(i)} V_{ij} \tag{3.4}$$

$$\prod_j = (1 - \alpha) \sum V_{\mu(i)j} \tag{3.5}$$

当 $V_{ij'} > V_{ij}$ 时，即相对于城市 j，转移人口 i 更偏好与城市 j' 匹配。参与者偏好与匹配值及固定共享比例 α 密切相关，表明稳定性均衡结果的唯一性，且能用不等式集合表示，这对于实证结果有重大的现实意义。

若没有以唯一稳定性均衡为条件，统计数据的似然函数无法定义，实证计量模型也变得无法操作。这些结论都被瑟伦森（Sørensen，2007）证明了。假定不同匹配价值条件下，城市与转移劳动力双边偏好满足前文所述的条件（1）和条件（2），那么城市与劳动力匹配可以达到唯一稳定性。该均衡可用如下等式表示：

$$\overline{V_{ij}} = \max\left[V_{\mu(j)j}, \min V_{ij'}\right], 其中 j' \in \mu(i) \tag{3.6}$$

$$\underline{V_{ij}} = \max\left[\max V_{i'j}, \max V_{ij'}\right], 其中 j' \in s(i), i' \in s(j) \tag{3.7}$$

即：

$$s(i) = \left\{j \in C : V_{ij} > V_{\mu(j)j}\right\} \tag{3.8}$$

$$s(j) = \left\{i \in W : V_{ij} > \min V_{ij'}, j' \in \mu(i)\right\} \tag{3.9}$$

对于尚未匹配的城市—人口组合 ij，$\overline{V_{ij}}$ 指的是双边偏离或者重组匹配的机会成本。当前城市 j 的匹配值是 $V_{\mu(j)j}$。就转移人口 i 与所有城市组合而言，i 最低匹配值是 $\min V_{ij'}$ 其中 $j' \in \mu(i)$，放弃当前匹配从而形成新的匹配的机会成本就是 $V_{\mu(j)j}$ 与 $\min V_{ij'}$ 其中 $j' \in \mu(i)$ 两者间的最大者。城市与转移人口有机结合，形成高效率特质性匹配组织结构，其价值收益超过了机会成本，产生了匹配租，其大小为 $R_{ij} = V_{ij} - \overline{V_{ij}}$。只要匹配租值 $R_{ij} = V_{ij} - \overline{V_{ij}} > 0$，转移人口 i 和城市 j 彼此更愿意放弃各自当前的匹配对象而相互结合，说明匹配结构不稳定。反之，匹配租值为负，由于没有城市—人口形成阻隔对，则匹配是稳定的。

对于目前已匹配城市—人口组合 ij，比如长期居住在城市 j 的务工农民 i，$\underline{V_{ij}}$ 就是匹配对 ij 维持目前匹配的机会成本。$s(i) = \{j \in C : V_{ij} > V_{\mu(j)j}\}$ 表示城市 j 可行性偏离，愿意放弃当前的匹配对象而吸引新人口 i；同理，$s(j) = \{i \in W : V_{ij} > \min V_{ij'}, j' \in \mu(i)\}$ 意味着 i 转移人口也愿意放弃当前所在的城市，去寻找另外的城市 j。当匹配结果满足 $V_{ij} - \underline{V_{ij}} > 0$ 时，当前转移人口—城市 ij 组合是最优匹配，该匹配结构是稳定的。尽管上述两种概念是等价的，但是它们对模型的估计突出了潜在价值变量的不同边界，所以非常关键。此外，我们要另外增加一个有用的概念，

城市与劳动力双边选择所有匹配值向量 $V \in R^{|Q|}$。当既定匹配 μ 稳定时，稳定匹配值所构成的集合 $\phi_\mu \subset R^{|Q|}$，那么可以得知：

$$V \in \phi_\mu \Leftrightarrow [V_{ij} < \overline{V_{ij}}, \text{对所有的 } ij \notin \mu] \Leftrightarrow [V_{ij} > \underline{V_{ij}}, \text{对所有的 } ij \in \mu]$$

$$(3.10)$$

第四章　人口流动、城市规模及结构

第一节　人口流动与城市纳什均衡

我国城市经济发展既不是依赖"单一产业"专业化，也不是完全多元化，而是更多地呈现中性城市，因此我国城市发展模式异于纯粹市场经济或计划经济，而是在异质性市场结构中呈现出"选择"特征。人口（尤其是高技能劳动力）选择向资源和优质公共服务更集中的大城市转移，教育程度偏低的低技能劳动力大都流向东部发达城市或省会城市，大量常住城镇的转移劳动力并没有获得相应城市的公共服务，即"半城镇化"。部分农村转移劳动力受年龄增大以及大城市高生活成本的制约，有愿意回流小城镇的迹象，但回乡就业的前景并不明朗。产业政策和公共服务供给导致差异性的城市租，最后可能形成均衡城市结构无效率，其原因可能来自诸如异质性结构中的"多数追逐"等选择行为，譬如投资银行等都希望选择在一个包含很多类似商品或服务的产业集群。劳动力会选择自己同类主导的城市，从而形成城市均衡结构和规模无效率地扩大。人口转移的选择行为可能会引起城市无效产业分布的形成，个人选择（甚至是企业驱动）并不一定形成高效率的城市规模和结构。在现实中，城市租激励相当高，没有一个劳动力愿意"吃螃蟹"式地首次迁入，那么该城市同样保持原有的产业均衡；同样，即使一个城市存在彼此无法相互受益的产业，但城市只要能够为劳动力提供足够的价值（尽管工资不是最高的），也能阻止其转移。很多劳动力愿意选择在众多同行聚集或者地域文化接近的城市，而非传统意义上的产业集聚。此外，城市产业政策和公共服务差异性使劳动力会因"竞租"选择而无序流动，由此引起人口的选择性转移是非常可能的。转移劳动力依据不同城市能获得的效用大小进行迁移决策，但是没有城市被动地应对人口的变化，特别是在当前新型城镇化转型时期，不管是地方政府设置人口流动自由度，还是为追求行业最优效率而策略性地发展产业集群，都直接显示出城市对劳动力人口类型的偏好。

记 W 种劳动力就业结构组合（$W < I$）不相交子集 P_w，需要满足 $\cup_w P_w = \{1,2,3\cdots I\}$。当且仅当 m 和 n 是 P_w 中的元素，那么行业 m 和 n 属于协同集聚情形。比如，城市产业组合 $P_1 = \{1,2\cdots, i-1\}$ 为 $1,2,\cdots,$ $i-1$ 产业协同集聚，那么该城市就业结构就是 $j = (N_1, N_2, \cdots N_{i-1}, 0, 0, \cdots 0)$，$N_i$ 为城市 i 行业劳动力的就业数量。

同理，产业组织形式 $P_2 = \{i, i+1, \cdots, I\}$ 是 $i, i+1, \cdots, I$ 产业协同集聚。假设社会有四类劳动力，$i = A, B, C, D$，每个 j 城市有两种职业，那么按不同就业结构分类的城市类型有六种：$j_1 = (N_1, N_2, 0, 0)$；$j_2 = (N_1, N_3, 0, 0)$；$j_3 = (N_1, N_4, 0, 0)$；$j_4 = (N_2, N_3, 0, 0)$；$j_5 = (N_2, N_4, 0, 0)$；$j_6 = (N_3, N_4, 0, 0)$。

劳动力 i 从城市 j 获得的效用水平为：$U_i(j) = w_{ij} - c(N^j)$。劳动力 i 流动到这些城市所获得效用大小关系排序（等号表示效用无差别）如下：

当 $i = A$，$U_A(j_2) > U_A(j_1) = U_A(j_4) > U_A(j_3)$；

当 $i = B$，$U_B(j_1) > U_B(j_4) > U_B(j_5) = U_B(j_6)$；

当 $i = C$，$U_C(j_2) > U_C(j_5) > U_C(j_6) = U_C(j_3)$；

当 $i = D$，$U_D(j_5) > U_D(j_6) > U_D(j_4)$。

城市对劳动力人口类型偏好显示如下：

$P(j_1)$：$A > B > C$；

$P(j_2)$：$C > A > D$；

$P(j_3)$：$C > D > B$；

$P(j_4)$：$B > D = A$；

$P(j_5)$：$D > A = C$；

$P(j_6)$：$A > C = D$。

若按照以上描述的城市和劳动力偏好特征，则劳动力流动的过程为：

第一步：A 类劳动力选择性流向其效用最高的城市 j_2。同理，B 类劳动力流向其效用最高的城市 j_1，C 类劳动力流向其效用最高的城市 j_2，D 类劳动力流向其效用最高的城市 j_5。

第二步：劳动力（企业）在激烈竞争的劳动力市场被筛选或淘汰过程，上一步流动劳动力 A 类型和 C 类型同时选择在城市 j_2 就业，若 C 类劳动力生产率更高或者城市策略性地推动 C 类型产业集群发展，那么 C 类型劳动力与城市 j_2 匹配的概率更大。被淘汰的大部分 A 类劳动力流动到其他城市，在理性条件下他们一般会选择城市 j_1。

第三步（稳定纳什均衡）：最后的稳定城市与人口匹配组合结果必然是 (A, j_1)，(B, j_4)，(C, j_2)，(D, j_5)。

最后，当人口迁移处于稳定纳什均衡状态时，产业集群和就业结构就确定下来了，最终劳动力效用水平等价于自给自足的效用水平：

$$U_A(j_1) = w_{ij_1} - c(N^{j_1}) = U_A(0)；$$

$$U_B(j_4) = w_{ij_4} - c(N^{j_4}) = U_B(0)；$$

$$U_C(j_2) = w_{ij_2} - c(N^{j_2}) = U_C(0)；$$

$$U_D(j_5) = w_{ij_5} - c(N^{j_5}) = U_D(0)。$$

若考虑城市与人口（产业）匹配的另外一种可能结果：(A, j_4)，(B, j_1)，(C, j_2)，(D, j_5)，则效用结果为：

$$U_A(j_4) = w_{ij_4} - c(N^{j_4}) = U_A(j_1) = U_A(0)；$$

$$U_B(j_1) = w_{ij_1} - c(N^{j_1}) > U_B(j_4) = U_B(0)；$$

$$U_C(j_2) = w_{ij_2} - c(N^{j_2}) = U_C(0)；$$

$$U_D(j_5) = w_{ij_5} - c(N^{j_5}) = U_D(0)。$$

这就说明，在城市稳定纳什均衡条件下，当 A, B 分别流向对方城市，A, C, D 的效用没有发生变化，即 $U_A(j_4) = U_A(j_1) = U_A(0)$，$U_C(j_5) = U_C(0)$，$U_D(j_5) = U_D(0)$；而 B 的效用得到极大提高，即 $U_B(j_1) > U_B(j_4)$。言外之意，城市处于均衡状态时并没有出现帕累托最优就业效用结构。

第二节　劳动力流动实验模拟

一、实验模拟设置

实验核心模拟劳动力与城市匹配，并评估三个最重要的问题。第一，城镇化包容性。构建一个包容性社会的前提是城镇化进程体现公正性和机会均等，保证流动劳动力依据效用最大原则来选择城市迁移，但是部分人的策略迁移降低了整个城镇化的效率。第二，探讨不同流动机制如何达到城市就业结构福利最大化及城市帕累托效率。第三，比较三种竞争性机制中城市稳定性均衡问题，减少不稳定均衡所造成的社会成本。实验模拟采用 $3 \times 3 \times 2$ 设计（见表 4.1），以评估劳动力流动过程中顶部交易循环机制（TTC 机制）、延迟接受机制（DA 机制），以及第一偏好优先机制（FPF 机制）的三种机制的城市效率和稳定性均衡，同时考虑到劳动力流动性约束和流动的沉淀成本情况，将可供迁移的城市选择固定为三座，并与随机或设定的两种外部环境进行对比。

表 4.1　　　　　　　　　　实验对比设计

人口流动情形	支付矩阵	分组对象个数	总对象个数
FPF(d)	设定	32	64
DA(d)	设定	32	64
TTC(d)	设定	32	64

人口流动情形	支付矩阵	分组对象个数	总对象个数
FPF(r)	随机	32	64
DA(r)	随机	32	64
TTC(r)	随机	32	64

该实验方法吸纳了陈和松梅兹（Chen and Sonmez，2006）以及卡尔萨米利阿、哈林格和克里恩（Calsamiglia，Haeringer and Klijn，2010）的关于择校问题的实验分析思想[①]。在我们的实验中，模拟了32 个转移劳动力与城市的关系。将目前处于 A 城市的 10 个转移劳动力编号为 1 ~ 10，处于 B 城市的 8 个流动劳动力编号为 11 ~ 18，处于 C 城市的 8 个流动劳动力编号为 19 ~ 26，处于 D 城市的 3 个流动劳动力编号为 27 ~ 29，处于 E 城市 3 个流动劳动力编号为 30 ~ 32。这 32 个劳动力所在的行业分别为 $i = a, b, c, d, e, f, g$。他们在城市的货币收益（效用）由 matlab 软件模拟生成（见表 4.2）。该模拟假设三种劳动力回流是不完全信息的一次性博弈，每个流动劳动者知道其自身的收益构成，而不清楚其他代理人的支付报酬结构。在实际的城镇化过程中，劳动力流动决策基于效用最大化对转移的城市进行排序。例如，流动劳动力将获得货币收益 33 单位的城市作为其第一选择，货币收益 28 单位的城市作为第二选择，货币收益 19 单位的城市作为第三选择，货币收益 6 单位的城市作为第四选择，以此类推。最高选择和最低选择的货币价值报酬存在较大差别，每个劳动者从城市得到的货币收益设置为 1 ~ 40 的整数。劳动力转移策略选择基于现实中的两种真实因素：城市收益与城市生活成本。通常，劳动力根据表 4.2 中的收益情况排序来选择转移城市，但不排除部分大城市农民工在年龄变大后回

[①] 尽管他们主要研究的是择校录取问题，但纽约和波士顿等城市在高中入学中广泛采用的三种机制（BOS 机制、TTC 机制以及 SOSM 机制）等双边匹配问题掀起了一股实验经济学的浪潮，被称为经济工程学。其讨论的核心就是这三种机制的稳定性、公平性，以及帕累托效率方面的实验比较与策略分析。

流到中小城市，而并不是严格按照城市收益的大小来进行迁移决策，即在回流决策过程中体现的跳跃性的选择现象，也就是说，并非按照严格偏好，从大城市转移到中等收益的城市，而是直接迁居到其家乡所在的中小城市，甚至农村。表4.2给出了设定和随机情形两种转移收益的对比。

表4.2　　　　　　　　　　　转移收益对比

劳动力编号	设定环境下的城市收益					随机环境下的城市收益				
	A城市	B城市	C城市	D城市	E城市	A城市	B城市	C城市	D城市	E城市
1	26	32	18	4	10	28	16	20	26	32
2	17	14	11	6	3	8	15	2	5	16
3	13	14	8	15	3	6	22	13	3	8
4	17	15	19	5	9	16	22	10	15	8
5	14	11	13	4	12	8	7	7	2	2
6	23	13	19	18	23	10	14	17	19	24
7	12	13	2	4	4	14	11	13	15	17
8	29	22	6	23	16	22	12	14	2	8
9	32	22	27	18	14	21	15	8	9	12
10	31	23	3	8	22	3	4	6	12	14
11	22	25	26	6	8	13	14	23	2	3
12	12	21	1	7	8	11	19	12	31	21
13	22	12	4	7	13	13	21	1	5	12
14	2	32	21	17	4	12	10	21	22	17
15	21	25	13	16	17	12	24	22	13	9
16	9	10	1	8	12	21	12	15	9	3
17	21	12	18	23	10	5	3	23	12	6
18	16	2	11	21	3	12	15	4	1	16
19	1	21	6	6	6	6	14	3	6	8
20	15	20	11	9	2	21	26	8	6	22
21	21	14	8	12	12	12	17	3	8	9
22	12	3	18	12	11	8	6	12	9	14
23	12	13	2	4	9	14	11	13	15	17
24	12	22	6	12	16	10	12	14	2	18
25	17	22	18	18	10	1	2	8	13	12

续表

劳动力编号	设定环境下的城市收益					随机环境下的城市收益				
	A城市	B城市	C城市	D城市	E城市	A城市	B城市	C城市	D城市	E城市
26	10	11	25	8	22	12	4	6	18	15
27	14	23	14	6	8	8	5	5	22	3
28	12	21	1	7	33	11	19	12	31	21
29	22	12	4	7	25	13	21	1	5	12
30	2	32	21	17	21	12	10	21	22	17
31	9	2	13	16	17	12	23	16	10	9
32	9	21	1	12	21	12	12	15	17	13

从表4.3可见，通过比较劳动力流动不受限制的情形，FPF机制使得劳动力依据真实偏好流动的比例最低，也就是说策略性转移城市的可能性最大。这正是波士顿择校机制（BOS机制）被弃用，而选择学生最优机制（SOSM机制）或者顶部交易循环机制（TTC机制）的原因①。从对TTC机制和DA的分析而言，劳动力流动受限制的情形使得真实意愿转移的比例下降。

表4.3　　　　　　　　　劳动力策略流动行为结果

流动形式	流动受限	流动不限制	t-统计量	p值
FPF(d)	18.1	18.2	0	0.5
DA(d)	39.7	58.9	3.837	0
TTC(d)	29.5	68.4	5.248	0.001
FPF(r)	6.8	32.6	2.973	0.021
DA(r)	27.5	56.3	4.824	0
TTC(r)	17.4	78.5	6.983	0

① 阿卜杜勒、卡迪罗格鲁、帕塔克、罗斯和松梅兹等人就这些问题进行了详细讨论（Abdulkadiroglu, Pathak and Roth, 2003, 2005; Pathak and Sonmez, 2008）。

二、城市帕累托效率与稳定性均衡

为了比较不同劳动力流动差异以及环境条件变化后的转移机制，我们采用了平均收益支付的方法。关于劳动力流动的稳定性均衡，我们分析了稳定匹配的数量和最终配置结构中阻隔对（blocking pair）数量。两种实验设计都假设了是一次性博弈和不完全信息，即一部分人口的流动行为独立于特定其他的代理人分布，这部分实施方案融合了陈和松梅兹（Chen and Sonmez，2006）以及木林和雷勒（Mullin and Reiley，2006）的设计思路。在两种实验中，参与者 1 被随机选择，参与者 2 被随机选择……如此进行，这种方式构成的每个策略集合中，博弈的结果被统计记录（平均支付或者阻隔对）。我们对这个特殊参与者重复这种步骤 1000次。重复程序从第一个对象到项目的所有对象全部经历，才算完成。

估计的方法如下，考虑六种方案，每种方案中，有 $2 \times 32 \times 1000$ 人为设计的部分（artificial session）。令 $Y(m,n,l)$ 是固定的参与者 n 在阶段（session）m 中进行决策后做出行动的第 l 次结果（平均值或者阻隔对的数字）。估计的平均支付的混合形式如下：

$$\hat{\mu} = \frac{1}{64000} \sum_{m=1}^{2} \sum_{n=1}^{32} \sum_{l=1}^{1000} Y(m,n,l) \tag{4.1}$$

收益支付估计方差为：

$$\sigma^2 = \frac{1}{64000} \sum_{m=1}^{2} \sum_{n=1}^{32} \sum_{l=1}^{1000} \left[Y(m,n,l) - \hat{\mu} \right]^2 \tag{4.2}$$

为了计算方差，将 1000 个混合组合分成 500 次两部分，即：

$$\phi = \frac{1}{32000} \sum_{m=1}^{2} \sum_{n=1}^{32} \sum_{l=1}^{500} \left[Y(m,n,l) - \hat{\mu} \right] \times \left[Y(i,j,l+500) - \hat{\mu} \right] \tag{4.3}$$

利用木林和雷勒的结论（Mullin and Reiley，2006），方差的近似结果为：

$$\mathrm{var}(\hat{\mu}) \approx \frac{\sigma^2}{32 \times 1000 \times 2} + \frac{32\phi}{2} \qquad (4.4)$$

根据表 4.4 所列结果可知，在设定模拟实验环境条件下，三种流动机制的城市与人口效率排序为 DA > TTC > FPF；在随机环境中，排序为 FPF ≈ DA > TTC。[①] 根据劳动力的流动预测，表 4.5 给出了针对三种流动机制和两种不同环境条件下，城市化效率的重大损失。通过比较这些流动方式，我们发现：不论劳动力流动是否受限，随机条件和设定条件下 TTC 收益都高于 DA，且 DA 高于 FPF。在劳动力流动不受限制的情形下，TTC 比 FPF 更有效率（在设定环境中，概率 p 值为 0.007；在随机环境中，概率 p 值为 0.012），DA 比 FPF 更有效率。在受限制的情形下，通过比较三种机制，我们发现，在两种环境条件下，DA 和 TTC 的效率都明显高于 FPF。TTC 的在随机条件下的效率高于 DA，但是差别不大，特别是在设定条件下，两者的效率差别并不明显。

表 4.4   转移劳动力人均收益估计结果

劳动力流动形式	均值 $\hat{\mu}$	方差 σ^2	协方差 ϕ	方差近似值 $\mathrm{var}(\hat{\mu})$	标准偏误 ε
FPF(d)	12.14	0.021	0.001	0.013	0.1132
DA(d)	12.95	0.109	0.001	0.01	0.095
TTC(d)	12.78	0.024	0.001	0.019	0.163
FPF(r)	13.89	0.116	0.003	0.003	0.062
DA(r)	13.91	0.218	0.024	0.025	0.183
TTC(r)	13.47	0.306	0.063	0.066	0.254

---

① 陈和松梅兹（Chen and Sonmez, 2006）在其关于学生择校匹配的研究中指出，设定环境下学生最优机制（SOSM 机制，DA 机制的一种）的效率显著高于 BOS 机制（第一选择优先机制在择校方面的应用）和 TTC 机制，此外 TTC 机制也不比 BOS 机制更有效率；在随机情形下，BOS 机制的表现甚至优于 TTC 机制。但是，卡尔萨米利阿、哈林格和克里恩（Calsamiglia, Haeringer and Klijn, 2010）却认为这种结果并不非常可靠，因为在大数据样本条件下结果可能不一致。

表 4.5　　　　　　　　　　不同机制的帕累托效率比较

劳动力流动方式	流动受限	流动不限制	t - 统计量	p 值
FPF(d)	11.91	12.24	3.41	0
DA(d)	12.13	12.39	4.04	0
TTC(d)	12.42	13.65	3.37	0.006
FPF(r)	12.19	13.78	4.96	0
DA(r)	13.58	16.83	4.08	0.013
TTC(r)	14.18	14.59	3.06	0.011

　　城市稳定纳什均衡是讨论劳动力流动机制存在维持非常重要的考虑方面。达到稳定纳什均衡的城市避免了城镇化在制度上产生的社会不平等，同时也避免了出现其他的新替代性市场重复而增加社会交易成本。在城市与人口匹配过程中，劳动力流动稳定性意味着劳动力要么在其他城市激烈的竞争中失利而被淘汰，要么没有当前匹配的城市收益高。城市的不稳定均衡是引起社会不公平的重要原因。在劳动力流动无限制的情形下，只要代理人开始按照支付收益顺序选择城市流动，那么最终的城市化结果一定能保证城市稳定性均衡和社会包容性，但是 TTC 和 FPF 并非如此。然而，在受限制的人口流动环境中比较三种人口流动机制的最终稳定情况，无法简单地从理论上进行预测与比较。其实，三种机制都存在低稳定性的现象，相对而言，DA 稍微优于其他两种机制。劳动力不同流动方式引起的城市低效率与人口—城市阻隔对数量紧密相关，因为最优结构与均衡城市模式取决于两个方面的匹配效率。[①] 一是既定产业类型、既定两类产业结构且劳动力相同数量的情形，增加一单位劳动力对本产业劳动力生产率具有更大的提升作用。二是既定城市劳动力

---

　　① 传统的研究都没有比较这两种匹配效应的关系，然而有些观点（Henderson，1986，2003；Henderson et al.，1995；Rosenthal and Strange，2004）隐隐约约认为从本行业劳动力聚集增加所带来的生产效率高于其他行业的效应。

增加一单位对提升本产业人均劳动力生产率具有更大的作用。那么，追求集群最优效率的城市必然选择性地发展产业集群，厂商追求"集群租"选址，转移人口向效用最大化的城市流动；然而，环境资源与财政约束使得出现了差异化的人口流动自由度和产业发展优先权；最终，经城市与人口双边选择后，所处的稳定纳什均衡状态并非效率的城市结构匹配，即稳定的城市均衡与城市帕累托最优结构之间存在冲突（见图4.1）。

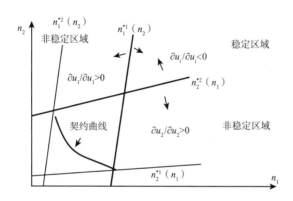

图4.1 城市最优结构与稳定均衡

注：该图展示了城市最优结构与稳定均衡之间的二元冲突。$n_k^{*i}(n_{-k})$表示劳动力数量曲线，满足$\partial u_i / \partial n_k = 0$。图中显示的是城市存在两类劳动力的情形。

第三节 计量模型与实证分析

一、模型设定及变量说明

（一）模型设定

理论分析显示，城镇化是居民收入、人力资本、基础设施、市场潜力、专业化、多样化及协同集聚的函数，所以计量方程形式可设置为：

$$\ln Size_{jt} = \theta_1 MI_{jt} + \theta_2 WI_{jt} + \theta_3 XI_{jt} + \gamma_1 DL_{jt} + \gamma_2 \ln EDU_{jt}$$
$$+ \gamma_3 WG_{jt} + \gamma_4 FS_{jt} + \gamma_5 \ln MP_{jt} + v_{jt} \tag{4.5}$$

$$\ln Urban_{jt} = \theta_1 MI_{jt} + \theta_2 WI_{jt} + \theta_3 XI_{jt} + \gamma_1 DL_{jt} + \gamma_2 \ln EDU_{jt}$$
$$+ \gamma_3 WG_{jt} + \gamma_4 FS_{jt} + \gamma_5 \ln MP_{jt} + u_{jt} \tag{4.6}$$

2004~2013 年是我国城镇化开始的前半段,以"土地"城镇化为特征。2013 年以后我国城镇化进入后半段,开始推行新型城镇化,以实现"以人为本"的城镇化。考虑到我国特有的人口与城市匹配情况,我们采用我国城镇化前半段的完整数据进行分析。在进行计量分析时,除了个别数据严重缺失的城市外,我们使用的是 2004~2013 年全国 252 个地级及以上城市的数据。数据主要来自年《中国城市统计年鉴》《中国区域经济统计年鉴》。

(二)数据说明

从国家层面来看,2012 年是我国城镇化方针政策变化的一个重要转折点。2012 年,党的十六大把高质量城镇化建设提升到前所未有的高度。随后,在 2012 年 12 月,中央经济工作会议提出了"以人为本"理念的新型城镇化建设具体措施。

通常,国内研究城市经济与区域发展的主流经济学家习惯于将我国城镇化划分阶段,并将 2012 年或 2013 年之前的传统城镇化视为"半城镇化",这一阶段以城市面积的规模扩张为特征,忽略了住房、教育和医疗等迁移人口的福利供给。2013 年之后,我国进入"以人为本"的城镇化阶段,这种新型城镇化以旨在提高城镇化质量为特征。

究竟以 2012 年还是以 2013 年作为我国城镇化建设的具体时间节点,不同研究的认识并非一致。在思辨类研究中以 2012 年居多,但在实证统计研究中使用 2013 年作为时间节点的文献居多。本书采用 2013 年作为一个重要时间节点,因为理论政策的实施在经济数据表现方面具有一定的滞后性。

本节的实证分析旨在配合检验在"半城镇化"阶段和产业协同集聚

条件下城市与人口匹配的理论模型。也就是说，本实证分析的目的是进一步验证、扩展和丰富理论模型，所以使用2004～2013年数据不存在时效性问题。值得指出的是，本书主要结论由匹配理论模型推出，并非完全依赖于官方统计年鉴，针对2013年后城市问题的研究，书中已经在匹配模型基础加入了网络分析法。这种研究思路与通过计量实证得出回归结果，进而获得某个研究结论不同。

为了方便研究，国内经济学术界对我国区域发展和城镇化建设的"关键性事件"形成了一些默契，比如1978年改革开放、1998住房市场改革，以及2003～2004年"中部崛起"和"振兴东北"战略等区域协调发展理念提出。相较于1978年前或1998年前，2004年以后的统计结果更为可靠，本书也采用了这种处理方法。此外，尽管自新中国成立以来一直伴随着城镇化，但是基于这些非市场化条件下的数据进行实证模型分析，其结果是有争议的，故本书不考虑这类数据。

（三）变量和测度说明

（1）城市产业专业化集聚 MI_j，主要分析给定行业在当地就业中所占的份额。本书通过比较每个城市中份额最大的就业部门在当地就业中所占份额来分析，即 $MI_j = \max_i(z_{ij})$，z_{ij} 是产业 i 在城市 j 中的就业份额。该指标的正参数估计说明存在马歇尔外部性。

（2）城市多样化集聚指数 WI_j。依据赫希曼 – 赫芬达尔指数（Hirshman-Herfindahl Index，HHI）的倒数，本书采用城市所有行业的就业份额平方总和的倒数 $WI_j = 1 / \sum_j z_{ij}^2$。该指标越大，意味着多样性程度越高，其正参数表示存在雅各布斯外部性。

（3）城市产业协同集聚指数 $XI_j = 1 / \sum_{j \neq m, n} \varepsilon \, \overline{z_{ij}}$。基于《中国城市统计年鉴》19个行业单位从业人员统计口径，$\overline{z_{ij}}$ 表示除去单位从业人员最多行业 m 和最少行业 n 后，其他单位就业人员占城市总就业的份额；ε 是除去从业人员最多和最少行业后，各行业就业占总就业份额的均值。XI_j 值的大小体现了城市产业协同集聚对城市发展的影响。

（4）DI_j 是市有城市道路面积同城市平均水平的比重，作为城市基础设施的代理变量。无论是马歇尔外部性还是雅可布斯外部性，良好的城市基础设施都有助于降低运输成本，促进技术外部性。

（5）人力资本优势的代理变量 EDU_j，用城市每万人大学生数量（人）来衡量。与大部分国内外学者一样，本书认为人力资本越充裕，知识溢出越明显，越有助于经济集聚，从而促进城镇化。

（6）WG_j 是职工平均工资占城市平均水平的比重。具有集群优势的地区，行业工资较高，这反映了行业外部性对迁移劳动力的吸引力。与跨行业的情况相比，前面所说的转移劳动力与本行业匹配的外部性更大，从而维持更高的行业工资（劳动生产率），诱导人口迁移，加速推进了城镇化及城市规模的膨胀。

（7）城市市场潜力 MP_j。我们用该指标来衡量消费行为对城镇化的影响，因为不管是何种城市经济研究，市场效应都是非常重要的。消费者能够享受到数量更多和价格更低的消费品，这为转移劳动力就业区位选择提供了强有力的动因。计算城市内部市场潜力，用社会消费品零售总额除以城市内部距离，即 $MP_j = I_j / d_j$，其中 I_j 以城市辖区实际发生的社会消费品零售总额（万元）表示。本书参照黑德和迈耶（Head and Mayer，2004）的研究，城市内部距离，用 $d_j = 2/3\ \sqrt{A_j/\pi}$ 表示，其中 A_j 是城市辖区建成区面积。

（8）政府因素 FS_{jt}，用财政支出占该城市 GDP 的比重表示地方政府对城市发展的作用力。

（9）城镇化率 $Urban_j$，用城市辖区人口占该地级及以上城市总人口的比重并乘以 100 来表示。

（10）城市规模 $Size_j$。为了保持数据来源的一致性，本书采用市辖区常住人口数量，即市辖区生产总值除以市辖区人均产值来表示。表 4.6 报告了我国地级及以上城市各变量的样本统计值。

表 4.6 我国地级及以上城市产业集聚与城镇化变量的样本统计值

变量	均值	最大值	最小值	标准差
城市规模（$Size_j$）	159.2801	2331.7677	7.9142	229.3934
城镇化率（$Urban_j$）	33.3110	100	3.8246	23.3426
产业专业化集聚指数（MI_j）	0.3099	0.9789	0.0483	0.1122
多样化集聚指数（WI_j）	6.5521	50.2532	0.0482	2.4029
协同集聚指数（XI_j）	1.8386	38.4481	0.0098	0.8242
城市基础设施（DI_j）	0.5928	17.1740	0.0182	0.9715
人力资本（EDU_j）	163.0862	1270.5263	3.7470	200.8178
政府因素（FS_{jt}）	0.1439	1.4851	0.0404	0.1762
工资水平（WG_j）	0.9076	7.3715	0.0484	0.4018
城市市场潜力（MP_j）	1293112.4670	20706428.3201	42623.1645	1131561.4860

二、计量检验与结果分析

区域和城市经济学原理认为，产业集聚规模或模式对人口迁移方向和城市化程度有重要影响，而且城镇化的深入推进也必将带动产业集聚结构进一步变化，即产业集聚与城市化之间可能存在联立方程的内生性问题。同时，为了克服遗漏变量的问题，本计量模型除了列出混合效应、随机效应、固定效应估计结果，还添加了系统 GMM 估计结果进行比较，估计结果如表 4.7 所示。

表4.7　产业集聚模式影响城镇化的估计结果

变量	混合回归 城镇化率	混合回归 城市规模	固定效应 城镇化率	固定效应 城市规模	随机效应 城镇化率	随机效应 城市规模	系统GMM 城镇化率	系统GMM 城市规模
常数项	3.783125*** (6.720361)	1.374733*** (3.48765)	2.847323*** (9.78362)	-2.077515*** (-68.7329)	1.654665*** (8.039235)	-2.269393*** (-90.42848)	2.750413*** (34.58107)	-2.150121*** (-267.2633)
MI	1.095527*** (6.583751)	-1.430795*** (0.054387)	0.385132** (1.962007)	-0.042295** (-2.074603)	0.558697*** (3.135957)	-0.039362** (-2.022526)	0.091046* (1.674809)	-0.012006*** (-3.399379)
WI	0.009061 (0.971977)	-0.070687*** (0.003047)	0.008469 (1.124596)	-0.002805*** (-3.58588)	0.010953 (1.478717)	-0.002386*** (-3.072561)	0.004669** (2.075124)	-0.000706*** (-4.048689)
XT	-0.005711 (-0.273446)	0.100568*** (0.006826)	-0.023518 (-1.551992)	0.002865* (1.820084)	-0.026869* (-1.8028)	0.002374 (1.519881)	-0.008638* (-1.726463)	0.000649** (1.48041)
WG	0.109458*** (3.8074)	0.037962*** (0.009396)	0.019323 (1.091556)	-0.000829 (-0.450712)	0.02686 (1.53247)	0.00118 (0.644627)	0.008716** (2.17658)	-0.000177 (-0.603301)
DI	0.005229 (0.410583)	0.127133*** (0.004162)	0.007737 (0.721096)	-0.006287*** (-5.641783)	0.016001 (1.555654)	-0.001656 (-1.519552)	0.002108 (0.785635)	-0.01997*** (-3.488692)
$lnMP$	1.437335*** (23.93936)	3.744741*** (0.019624)	0.128779* (0.693462)	4.425590*** (229.4597)	0.846522*** (6.824786)	4.546227*** (294.5852)	0.260071*** (4.849895)	4.469608* (859.1071)
FS	-0.016901 (-0.778676)	-0.17057*** (0.007094)	-0.287643*** (-12.89952)	0.00000532 (0.002299)	-0.27163*** (-12.83456)	-0.000898 (-0.398033)	-0.187405*** (-23.16352)	0.000251 (0.592657)
$lnEDU$	0.143621*** (12.92067)	0.001436*** (0.003633)	0.181283*** (21.16198)	0.004928*** (5.538748)	0.178003*** (21.35172)	0.00568** (6.46298)	0.124071*** (37.6188)	0.001119*** (5.949834)
$Adjusted\ R^2$	0.384203	0.954255						
$Within\ R^2$			0.817999	0.998635	0.21531	0.968242		
Wald检验							480.69436 [0.000000]	194.187169 [0.00000]
样本数	2515	2515	2515	2515	2515	2515	2515	2515

注：对于系统GMM的估计，圆括号中为z统计值，而对于其他估计方法，则为t统计值。方括号中为统计量的伴随概率。
***表示在1%水平上显著，**表示在5%水平上显著，*表示在10%水平上显著。

首先，考虑产业专业化集聚、多样化集聚及协同集聚规模对提高城镇化率和扩大城市规模的作用。反映城市产业专业化集聚的参数估计在所有方程中均通过了显著性检验，表明专业化集聚对提高城镇化率具有较强的正向促进作用，可是专业化集聚不利于城市规模的扩大，这与前面所述的理论预期基本一致。从完全多样化集聚对城市规模影响的实证结果来看，各方程的参数估计均通过了显著性检验，且都存在微小的负面影响。由此可见，若城市缺乏优势产业集群，那么城市规模很难迅速扩大。从多样化集聚对城镇化率影响的结果来看，多样化集聚的参数估计在各方程均为正，但仅在系统 GMM 方程中显著，即多样化集聚对城镇化率影响的参数估计在控制内生性后均得到明显改善。协同集聚对城镇化率影响的参数估计在各方程中变化较大，在控制了异方差、自相关与内生性问题后，其参数估计结果是协同集聚对提高城镇化率是负向的，但是协同集聚与城市规模存在较强的正相关关系。系统 GMM 方程中，专业化集聚和多样化集聚对城镇化率的影响显著为正，但对城市规模的影响为负；另外，协同集聚对城镇化率影响的参数估计显著为负，但对城市规模影响的估计参数为正。这些实证结果意味着，从 2004 ~ 2013 年数据分析结果来看，产业完全专业化集聚和多样化集聚通过技术溢出效应对提高中国城镇化率确实有明显的促进作用，尤其是专业化集聚的作用更为突出，但是目前产业协同集聚情形下技术溢出效应对提高城镇化率并没有发挥促进作用。这些结论不仅证实了马歇尔外部性和雅可布斯外部性在推动中国城镇化或空间集聚中的重要意义，而且揭示了目前协同集聚对城市规模扩大的突出作用。产业专业化集聚深化了劳动分工的程度，降低了收入成本，经济单位之间的相互学习或技术渗透促进了同产业的知识外溢，使得同产业集群的生产率进一步提高，同时高工资收入能吸引更多同类劳动人口迁入，因而有利于提高城镇化率。而多样化集聚往往是不同产业之间的技术外溢，使得空间范围内整体产业的生产效率提高，同时高工资收入能吸引人口的迁入。值得注意的是，协同集聚技术外溢与城市规模扩大之间的联系越来越紧密，但与城镇化率呈负相关关系，这可能与转移人口流动政策和地方政府的产业集群政策有关。比如，中国专业化程度较高的不是东莞、绍兴，鞍山等城市，而是经济相对欠发达的伊春、崇左等中等规模城市。大多数国内中心城市或省会城市属于本书所讨论的产业协同集聚情形，部分行业不完全集聚或多产业集群共址活动随着政府对人口和产业集群的干预而变化。

其次，考虑各控制变量的参数估计。在系统 GMM 估计中，本地工资占全国平均工资的比重对城镇化影响的参数通过了正显著性检验，说明在控制了模型本身存在的自相关和内生性问题后，该参数估计变得更加合理，表明收入的提高促进了转移劳动力向城市集聚。此外，在系统 GMM 估计中，本地工资占全国平均工资的比重对城市规模影响参数没有通过显著性检验。各方程中城市市场潜力的参数估计均显著为正。这意味着市场潜力无论是对城市规模，还是城镇化率的影响都是正面的，说明挖掘城市市场潜力将有利于进一步推进城镇化。在系统 GMM 估计中，财政支出占城市总产值的比重对城镇化率回归参数估计为负且通过显著性检验。这意味着在目前城市化阶段，该比例高的城市往往是落后的中西部城市，地方政府有限的城市财政收入主要用于城镇化建设。

由于各地区在产业结构、人口流动方式及其产业集群策略方面存在明显差异，产业集聚方式对城镇化和城市规模的作用会产生较大区别，因此就不同地区的城市样本分别进行估计是十分必要的。按地区划分的城市样本的估计结果如表 4.8 所示。

分区域讨论产业集聚模式变量的参数估计如下：首先，从集聚模式对城镇化影响的估计结果来看，东部地区专业化集聚的参数估计显著为正，中部地区显著为负，其他地区为负且不显著。而在多样化参数估计方面，只有东部地区显著为正。这说明，东部地区的专业化集聚和多样化集聚对提高城镇化率都产生了积极影响，但是经济欠发达地区的产业集聚是否完全专业化或多样化与提高城镇化率之间没有必然的相关性，这与该地区经济对外开放程度和市场化程度不高以及政府主导城镇化有关。东部地区协同集聚参数估计显著为负，其他地区估计参数变化较大

表4.8　按地区划分的个体固定效应估计结果

变量	东部 城镇化率	东部 城市规模	中部 城镇化率	中部 城市规模	东北 城镇化率	东北 城市规模	西部 城镇化率	西部 城市规模
常数项	2.321965*** (26.85651)	-2.588291*** (-20.9844)	1.549217*** (5.174392)	-1.981589*** (-139.3753)	3.363285*** (59.25579)	-1.061909*** (-9.946245)	3.505367*** (9.881923)	-2.205661*** (-121.0544)
MI	0.233296*** (4.742915)	-0.00354 (-0.460004)	-0.528447* (-1.934377)	0.023396*** (2.969961)	-0.069915 (-1.17545)	0.239803** (2.136754)	-0.05878 (-0.374015)	0.026527** (-2.367279)
WI	0.005613** (2.181102)	0.001767*** (3.214636)	0.005659 (0.565748)	0.000379 (1.091049)	0.002537 (1.299009)	0.009729 (2.48059)	-0.003697 (-0.735552)	-0.00084*** (-2.743945)
XT	-0.017801* (-1.93753)	0.052043*** (-5.836425)	-0.019681 (-0.470633)	0.003815*** (-2.602443)	-0.009198 (-1.284184)	0.035283*** (-2.602368)	0.002546 (0.308418)	0.001521*** (2.987671)
WG	0.006644** (2.545102)	-0.000486 (-0.892284)	-0.003923 (-0.191633)	-0.000454 (-0.798919)	-0.00067 (-0.298774)	0.001334 (0.175801)	0.001616 (0.122299)	-0.000435* (-0.674873)
DI	0.003416 (1.892782)	-0.003573*** (-3.606179)	-0.011485 (-1.188633)	-0.001217 (-1.590307)	-0.001456 (-0.890947)	-0.005721 (-1.4465)	0.004565 (0.088063)	0.002135* (0.674991)
$\ln MP$	0.566186*** (10.77638)	4.776964*** (357.1953)	1.186571*** (5.505501)	4.337005*** (444.826)	0.079379*** (2.356792)	3.628749*** (59.98498)	-0.006968 (-0.030992)	4.514171*** (383.082)
FS	0.0000732 (0.550561)	-0.000129 (-0.453364)	-0.28366*** (-12.98756)	0.000513 (0.078048)	0.029892*** (6.179002)	0.024204*** (2.241165)	-0.294838*** (-14.7217)	-0.001997*** (-2.403882)
$\ln EDU$	0.004628** (2.381106)	0.001194*** (-2.740343)	0.151489*** (17.41108)	0.000341* (-1.2481)	0.007977*** (4.339223)	0.006843* (1.69598)	0.149211*** (24.19874)	0.00064*** (2.088884)
$Adjusted\ R^2$	0.998863	0.999893	0.899022	0.999835	0.995658	0.997838	0.950244	0.999755
F检验	7282.026 [0.0000]	136.564405 [0.0000]	25.100498 [0.0000]	78.451795 [0.0000]	3808.429475 [0.0000]	56.564937 [0.0000]	110.088639 [0.0000]	58.806153 [0.0000]
豪斯曼检验	80.219626 [0.0000]	182.614579 [0.0000]	43.641139 [0.0000]	47.029966 [0.0000]	31.023236 [0.0001]	116.144575 [0.0000]	23.675826 [0.0026]	254.72052 [0.0000]
样本数	747	747	757	757	299	299	630	630

注：对于系统 GMM 的估计，圆括号中为 z 统计值，而对于其他估计方法，则为 t 统计值。方括号中为统计量的伴随概率。*** 表示在 1% 水平上显著，** 表示在 5% 水平上显著，* 表示在 10% 水平上显著。

且都没通过显著性检验，说明协同集聚对城市发展的影响随着城镇化率的提高而变化。其次，从产业集聚模式对城市规模影响的估计结果来看，中部、西部和东北地区专业化集聚参数估计均显著为正，尤其是西部地区更为明显，而东部地区专业化集聚对城市规模影响的估计系数为负且未通过显著性检验。这说明，在中西部欠发达地区，专业化集聚更有利于集约化经营和专业化分工的技术溢出效应，并以此吸引转移人口迁入。多样化集聚对城市规模产生的效应仅仅在东部地区很明显。协同集聚对城市规模影响的参数估计均通过了正显著性检验，说明不管城市经济发展处于何种阶段，协同集聚都能积极促进城市规模的扩大，而且经济市场化程度越高的东部地区受到的影响越大，东北地区的该参数估计结果与中部地区相似，最后是西部地区。这意味着大量转移人口迁移到沿海城市时，劳动人口与同产业之间的匹配技术外溢大于跨产业的情况，在地方政府产业集群政策的推动下，加速了城市规模迅速扩大。

在各控制变量中，人力资本和地区市场潜力对城镇化（城市规模）均具有显著正向作用，但中西部和东北地区人力资本参数估计值更为显著；劳动工资对城镇化影响的参数估计在东部地区为正，其他地区为负或者不显著。这意味着东部地区厂商集聚程度高，而更高的劳动生产率可使农村转移人口获得更好的收入机会，从而有效推进城镇化；其他地区生产率较低，城市化发展更多依赖于低廉劳动力来发展当地有限的产业集群，劳动力价格的提高会使该地区的传统优势丧失，反而不利于城镇化进程的推进。道路面积和财政支出比等变量对城镇化影响的参数估计因地区不同而差异较大。

第四节   小   结

目前，中国专业化程度较高的并非发达的东部城市，而是经济相对欠发达的中西部城市。大多数区域中心城市或省会城市属于本书所讨论的产业协同集聚情形。行业不完全集聚或多产业集群共址活动随着地方政府的人口政策管理和产业集群策略博弈而变化。我们经过深入思考转移劳动人口与城市匹配现象，以及产业集聚模式对城镇化影响，经实证分析认为：（1）目前专业化集聚和多样化集聚对中国城镇化率的提高都具有很强的正向促进作用，但是城市规模往往与产业协同集聚情况的关联性更强，而专业化集聚不利于城市规模的扩大，而且也没有明确的证据表明完全多样化集聚与城市规模扩张之间存在正相关性。（2）以产业集群为导向的城镇化政策可能引发城市纳什均衡与最优就业结构之间的"二元悖论"。目前，多行业协同集聚是中国城市产业共址所出现的普遍现象。由于某类转移劳动人口数量增加对城市不同行业生产率产生了不对称的冲击，即所谓的同行业效应，在行业劳动力数量相同情形下，增加一单位劳动力对提高同类行业生产率的影响大于其他行业，那么经济主体一定偏好寻找自己同类的产业集群。同样，旨在追求城市产出最大化的地方政府势必以各种财税优惠或土地政策手段进一步强化能更快提高城市生产率的产业集群，吸引更多同类型劳动人口迁入，以进一步推动城镇化。但是，某类型劳动人口迁入数量增加对城市本行业生产率的外溢效应大于其他行业，这加剧了经济主体固有的"多数追逐"行为，最终引起纳什均衡城市规模过于庞大，但却并没有达到全社会就业效用帕累托最优结构，若是保持全城市效用最优就业结构，但却不能维持人口流动纳什均衡状态。

在过去以及今后的几十年内，地方政府会不遗余力地发展产业集群，并推动开发区或新区、自由贸易区等的建设。对于这些产业集群，同类型劳动力会源源不断地涌入该城市，结果使得均衡状态的城市规模过大，而且最终城市劳动力就业类型不匹配，即所谓的均衡城市不能同时实现最优就业结构。那么，在协同集聚情形下，要实施集群发展政策，人口流动的管理和政府干预是必要的，其原因有两点。首先，地方政府利用融资平台，以未来的收入对产业集群进行补贴，引起人口自由流动，所形成的均衡城市规模可能大于或小于社会最优结构的情形是存在，而且这部分新增的城市人口在获得集聚外部性正收益的同时，将大部分负外部效应留给社会来承担，导致转移人口收益和负担不对等，加剧了城市内部的不平等。因此，参与产业集群政策制定的地方政府有必要通过金融、财税、土地等措施，将集聚外部性问题内部化，以有序引导城镇化，甚至合理设置人口流动自由度或实施劳动力迁移激励。其次，任何经济主体都希望置身于同行业产业集群主导的城市，即城市的管理者应该意识到所谓的经济个体"多数追逐"现象，从城市未来的增长和行业生产率的提高角度前瞻性地进行规划，摸透房地产持久耐用性和基础设施沉淀资本规律，有力把控城镇化的实际节奏，避免城市人口出现"马尔萨斯"现象。

关于跨区域要素无效率分布，即使经济活动共址激励并不强烈，仍然有大量外出务工的劳动力选择回流。由于回流劳动力或者其他农村剩余劳动力的类型和技能结构极为相似，当中小城市既定产业结构增加一单位不同劳动力类型时，对提升简单加工制造业、物流商贸等低端行业生产效率的作用大于其他行业，结果加剧了低端行业效率的提高幅度大于其他行业的情况，导致中小城市部分产业较快发展，而其他行业效率的提升和就业岗位均受到抑制，这反而有可能引发城市潜在就业岗位类型与数量下降，不利于吸纳转移人口。劳动力依据就业效用大小来选择城市进行流动，同时也被城市选择，这是因为城市人口集聚负外部性/同行业效应与财政约束不仅影响产业发展优先权，而且还影响人口流动自由度。在这种独特的匹配市场中，城市与劳动力两者之间相互选择并彼此影响，引起"价格修复"机制失灵。这些就是我们使用双边匹配市场（two-sided matching market）研究中国劳动力流动的真实原因。

基于产业协同集聚背景下推动新型城镇化建设，转移劳动力流动呈现的是 TTC 机制、DA 机制和 FPF 机制的杂糅。本书用实验经济学分别模拟这三种机制，验证了转移劳动力流动引起的城市纳什稳定均衡和帕累托无效率确实同时存在。因此，我们并不赞同这样的城镇化观点：（1）只要政府退出劳动力流动干预，那么人口自由迁移所形成的城市规模和结构就是合理的；（2）采用策略性产业集群政策来壮大中小城市一定能够提高全社会的就业福利水平。

尽管国外的合作博弈和实验经济学都有很多重要的结论，而且它们在市场设计方面还有很多成功的实际案例，比如在择校匹配、异质性劳动就业分配和肾脏移植捐献等领域。但是，用双边市场匹配和实验经济学的方法研究目前中国劳动人口流动和城市产业结构问题在国内还算第一次。国内市场匹配相关领域的研究还较为薄弱，将来应在劳动力流动偏好假设和城市的人口导向性政策分析方面进行进一步的探讨。此外，我们的实验设计仅仅采用计算机程序简单模拟行为选择，创造设置更加合理、逼真的实验环境是未来进一步研究的方向，比如采用各类真人现场进行选择实验，那么结论可能会更加可靠和合理。

第五章 选择、集聚与城市发展

第一节 选择和集聚是影响城市
发展的重要因素

目前，轰轰烈烈的城镇化背景下选择效应是客观存在的，因为若只有竞争选择而没有迁移选择，那么城市规模在地理上会呈现均匀分布；若只有迁移选择而没有竞争选择，那么所有城市的生产率是完全相同的，但这两种情况显然与中国城市发展现状不相符。事实上，由于产业协同集聚存在同行业效应，即劳动人口增加对同行业生产率的影响更大，经济主体愿意去与自己劳动技能匹配或同行业集群主导的城市，而医疗、教育及基础设施等优势公共资源在中心城市过度集中，也加剧了这种趋势。此外，受教育程度或技能水平越高的转移人口在集聚经济中获益更多，因此优秀人才将大城市作为首要迁移目的地是一种必然选择。随着城市人力资本累积程度增加，集聚规模会进一步扩大，更高生产率的企业在激烈的市场竞争中生存下来，以更高的工资溢价雇佣优质劳动力，进一步强化了集聚经济。迫于"城市病"压力的地方政府实施产业禁限、土地出让以及公共产品供给控制等举措，直接或间接地对人口流动设置了某种程度的限制。而以政绩为导向的中小城市极尽各种产业政策以吸纳更多转移人口。另外，若转移人口在土地制度、乡土情怀和同群交往等影响下做出迁移选择，那么人口流动达到均衡状态时，城市出现地理性分割也是有可能的。地方政府的人口政策、产业战略、公共产品供给以及人口迁移偏好异质性形成了城市与转移人口之间独特的双边匹配市场。

一、集聚经济

大量证据表明，在城市生产率与人口规模之间存在相关关系。人口集聚必然意味着更高的城市生产率。相比于小城市，大城市的劳动力平均产出更高。如果城市人口数量增长到原来的 2 倍，那么城市劳动生产率会相应提高 4.7% ~ 6.3%（Sveikauskas，1975；Glaeser and Resseger，2009）。但城市最优规模并非唯一，不同城市因其产业规模经济和集聚效应而形成分工差异，从而具有不同的最优规模。城市产出效率可能会随着城市规模的扩大，呈现先增后减的倒 U 型变化。卡佩洛和卡马尼（Capello and Camagni，2013）通过对意大利城市历史数据的分析，认为城市"效率规模"随着城市结构动态变化。经济活动集聚效应是城市高生产率的重要源泉，具体表现为要素空间集聚使专业化供应链服务、劳动力市场共享以及知识外溢等优势更加明显，从而极大地提高劳动生产效率。技能禀赋更高的劳动人口选择大城市集聚，他们的知识外溢效应更高（Davis and Dingel，2012）。城市集聚经济的很大一部分在人口集聚经济中体现，不同技能劳动人口的集聚影响力迥异，更高技能的劳动力在集聚中相互学习的效率和知识外溢程度更高。当人口流动达到均衡时，大部分技能禀赋更高的劳动人口分布于大城市。此外，高技能劳动者和低技能劳动者的互补性极强，特别是在大城市，这种情况更为明显。这种互补性集聚就是所谓的劳动力市场就业极化现象（Autor，Levy and Murnan，2003；Mazzolari and Ragusa，2008；Eeckhout, Pinheiro and Schmidheiny，2013）。两种极端劳动力需要在城市近距离靠近匹配，效率才能更高，才能共同促进城市繁荣。

二、选择效应

在新型城镇化转型时期，选择效应体现在以下方面。首先是事先选择。由于城市产业协同集聚中同行业效应普遍性，使得转移劳动人口迁移选择存在"多数追逐"现象，人们倾向于迁移到与自己技能禀赋相匹配的城市，与自己技能禀赋同类或匹配产业往往是所在城市的优势产业集群或主导产业的城市。此外，公共产品供给差异以及城市政策租也诱导人口迁移到资源更集中的城市。其次是事后选择。优秀个人或更高生产率的劳动人口在大城市的激烈的竞争中生存下来，使得这些城市的企业利润和行业平均生产率更高，从而进一步强化集聚经济。不同于发达经济体依赖市场化自然而然地形成城市化，我国的城市化过程中始终地方政府起着重要的作用。规模超大城市在集聚经济和城市成本之间权衡，更偏好于选择高技能劳动力或富裕人群，这在一定程度上限制了其他劳动力的流动。中小城市的地方政府因政绩需要而竭尽所能以吸引各类劳动力流入，包括大量农村人口进城或外地务工农村劳动力回流。若转移人口在土地制度、乡土情怀和同群交往等影响下做出迁移选择，那么人口流动达到均衡状态时，城市可能出现地理性分割。因此，优质公共资源过度集中、产业集群策略与人口迁移偏好异质性形成了本书所谓的人口与城市之间独特的双边匹配市场，政府采取各种积极政策来应对人口的变化引起了更深层次的选择效应（胡尊国等，2016；Gyourko and Mayer，2013；Eeckhout et al.，2014）。

三、选择效应的测度

在我国，城市的发展受到政府对产业干预的影响，此外公共资源等"城市租"也诱导了人口的迁移选择。因此，在新型城镇化背景下，亟须深究的城市经济问题是对城市生产率、集聚及选择之间的内生性，即大城市较高的生产率究竟源于选择效应，还是源于集聚经济？集聚经济或城市其他因素是否使得迁移选择呈现出偏向性？若在转移人口与城市双边市场条件下考虑"双边选择"关系，那么三者之间的内生性问题变得十分复杂。有关城市生产率差异讨论的具体难题是，如何区分集聚经济和选择效应，而采用传统数据和计量模型分析选择效应会导致结论出现重大偏误。因为在具有"选择"性质的双边市场，绝大多数统计模型无法刻画选择变量的内在特征，从而回归结果的误差项与转移人口的技能禀赋特征相关。此外，转移人口特征系数估计也会有偏误，结果会导致高估集聚经济①。例如，当有公共资源优势的城市与高技能禀赋人口匹配时，因潜在的公共资源优势所引发的人口迁移行为往往无法用精确的数据刻画，那么计量模型误差项就一定与高技能转移人口的禀赋特征正相关，即相对于中等技能和低技能禀赋人口，高技能禀赋人口在城市集聚效应估计系数会偏大。但这是由于城市政策租激励引起了迁移选择，经竞争性匹配筛选后，仅有更高效率的企业生存下来，而并非完全是集聚引起城市生产率提高。解决这类内生性问题的通用做法是采用工具变量。该工具变量应与城市生产率变量独立，但与转移人口特征相关。然而，从转移人口和城市"相互选择"的视角来寻找该工具变量是十分困难的。② 对此，我们基于贝伦斯等（Behrens et al.，2014）的结论进行了扩展研究，首次运用双边市场思想来分析中国城市与人口问题，但与贝伦斯等（Behrens et al.，2014）的城市模型所论述的单边市场（只排除了政府对人口转移政策的干预，即满足人口流动完全性）的理论有所区别。我们认为，在中国，地方政府对人口流动自由度产生了一定的影响，因此是双边市场。此外，与斯蒂格利茨（Stiglitz，1977）的观点不同，我们允许转移劳动力异质性情形存在。因此，在城市与人口存在特殊的"双边匹配"关系的情形下，有关城市生产率、选择以及集聚的讨论变得异常复杂。为解决内生性问题，本书借鉴了瑟伦森（Sørensen，2007）关于风险投资者与上市企业相互选择形成内生性问题所采用的匹配思路和计量方法，以克服寻找工具变量的困难，更精确地

---

① 贝伦斯（Behrens，2014）的模型为该问题的定量分析提供了新的分析框架。根据其对美国人口—城市产出的回归结果，城市人口取对数后的系数是8.2%，但在排除人口对城市的选择作用后，模型参数估计结果下降到了5.1%。

② 奇科内（Ciccone，2002）在引入工具变量分析选择效应方面的工作最为突出。他最开始采用解释变量的初期值，在2002年使用土地面积作为集聚密度工具变量，后来又采用土壤质量作为经济集聚活动的工具变量。

估计了由选择效应引起的行业生产率变化对城市生产率差异的影响。

第二节　城市产出理论分析

在新型城镇化过程中，迁移人口需要选择迁移目的地以及所从事的职业。迁移人口产出水平由其自身能力禀赋 t 和城市因素 g 共同决定：$\varphi = t \times g$。其中，城市因素包括人口流动自由度设置、公共产品供给，以及产业策略等。转移人口清楚自身的生产率，并在其所迁入城市选择相应的职业，成为企业家或者雇员。因此，设企业家以生产率 φ 来生产中间产品，而普通雇员的单位劳动生产率为 φ^a。与斯蒂格利茨（Stiglitz, 1977）的观点所不同的是，本书允许劳动力生产率异质性情形存在，并设定劳动力同质性比率 $a \geq 0$。在新型城镇化背景下，人口迁移自由度在不同的城市存在较大差异。其中，特大城市严格控制人口准入，提高了流动成本；中小城市逐步放开户籍以吸引人口流动，这就是本书所讨论的独特双边匹配市场。选择效应引起城市生产率变化通过以下两步呈现：首先是迁移选择，转移人口依据其技能禀赋和"城市租"差异做出迁移抉择，而集聚规模扩大将引起城市生产率提高；其次是竞争选择，激烈的竞争淘汰会生产效率较低的厂商，而转移人口成为优秀企业家或雇员主要依赖于自身的生产率。

将转移人口的技能禀赋和城市因素分布设定为连续可微的累积概率函数分别是 M_t 与 M_g。人口在迁移到城市后，其消费的两样基本品分别是最终制成品和住房。制成品生产者通常使用当地中间品，其生产技术满足固定替代弹性 $1 + 1/\varepsilon$（ε 为集聚经济弹性）。那么，依据贝伦斯和迪朗东（Behrens and Duranton, 2014）的结论，城市 C 的总产出为：

$$Y_c = \left[\int_{\delta_c} m_c(i)^{1/1+\varepsilon} di \right]^{1+\varepsilon} \tag{5.1}$$

其中，$m_c(i)$ 是 i 种类产品使用数量，城市 C 生产中间品种类集合

δ_c，中间品由垄断竞争性企业生产。企业家创立企业并雇佣劳动力来生产不同类型产品，以获取利润最大化。i 指的是企业家经营企业所生产的产品，其生产率差异采用卢卡斯（Lucas，1978）和梅利兹（Melitz，2003）的类似描述，即：

$$m_c(i) = \varphi_c(i) n_c(i) \tag{5.2}$$

其中，$n_c(i)$ 是生产 i 类型产品时的劳动力需求量（效率单位），企业家生产率 $\varphi_c(i)$ 依赖于自身才能水平 t 和城市政府因素 g。

城市 C 的人口记为 $N_c = \int_{t_0}^{\bar{t}} N_c(t) dt$，$N_c(t)$ 是城市 C 能力禀赋程度为 t 的人口数，t 的取值范围为 $[t_0, \bar{t}] \in R^+$。在城市生产率累积分布 $F(\cdot)$ 既定的情形下，城市总产出：

$$Y = (\int_{\varphi_0}^{+\infty} \varphi^{\frac{1}{\varepsilon}} dF(\varphi))^{\varepsilon} (\int_0^{\varphi_0} \varphi^a dF(\varphi)) N^{1+\varepsilon}; \tag{5.3}$$

城市人均产出：

$$Y/N = (\int_{\varphi_0}^{+\infty} \varphi^{\frac{1}{\varepsilon}} dF(\varphi))^{\varepsilon} (\int_0^{\varphi_0} \varphi^a dF(\varphi)) N^{\varepsilon} \tag{5.4}$$

也就是说，城市人均产出与 N^{ε} 之间存在同比例增长关系，人均产出人口弹性系数为 ε，而迁移人口选择成为创业者时，最低生产率临界点 φ_0 与城市人口数 N 无关联。通常，生产率在临界点 φ_0 之上的转移人口选择成为企业家；反之，成为城市普通雇员。然而，人口流动达到均衡的城市的职业选择临界点不依赖于城市规模，而是与城市生产率分布有关。若任何两座城市（城市 1 和城市 2）的生产率分布存在 $F_1(\varphi) = F_2(\lambda g \varphi)$ 关系，那么转移人口成为创业者选择的临界点一定满足 $\varphi_0^2 = \lambda g \varphi_0^1$。这也就意味着，随着城市因素 g 和人才比例系数 λ 变化，选择临界点 φ_0 也在同比例变化。比如，北京、上海等大城市资源高度集中所形成的"城市租"和政府产业调整都会引起 λg 变化，结果加剧了迁移选择，并引起了深层次的竞争选择，从而形成了更大的竞争市场，使得

最终的平均生产率 Y/N 更高，而高收入溢价将进一步扩大城市人口 N，从而强化了集聚经济。若没有迁移选择，事后市场竞争选择并不会引起城市生产率差异，这一结果与库姆斯（Combes，2012）以及余壮雄等（2014）的观点一致。

大量证据表明，随着集聚规模扩大，能力禀赋较高的人群获得的回报更多。在拥有 N 人口数量的城市中，居民生活成本是 θN^γ（θ 为生活成本的人口弹性），对一个规模有限的均衡城市而言，城市成本弹性 γ 通常大于集聚经济弹性 ε。在贝伦斯（Behrens，2014）提出条件下，能力禀赋程度为 t 的迁移人口在城市的预期间接效用是：

$$EU(t) = \int_0^{+\infty} \max\{w \times (tg)^a, \pi(tg)\} dM_g(g) - \theta N^\gamma$$

$$= wt^a \left[\int_0^{\varphi/t} g^a dM_g(g) + \left(\frac{t}{\varphi}\right)^{\frac{1}{\varepsilon}-a} \int_{\varphi/t}^{+\infty} g^{\frac{1}{\varepsilon}} dM_g(g) \right] - \theta N^\gamma$$

$$(5.5)$$

其中，w 为雇员工资，π 指企业利润。优秀人才选择规模更大的城市往往受益更多，其期望效用满足 $\frac{\partial^2 EU(t)}{\partial t \partial N} \geq 0$，即优秀人才与人口规模越大的城市匹配效率更高。以受教育程度作为能力禀赋的衡量手段，也能证实这一客观事实（Glaeser and Resseger，2010）。$\omega:[t_0, \bar{t}] \to C$ 表示高技能禀赋的人才在城市的分布，达到均衡时人口迁移选择应该满足：

$$\omega(t) = \{c \in C : EU_c(t) \geq EU_{c'}(t), \forall c' \in C\}。 \qquad (5.6)$$

设 G 为迁移人口受城市因素影响成为创业者的门限值，σ 为生产过程中劳动力投入有效单位比，则：

$$\varphi_0 = Gt, \sigma = \int_o^G (g/G)^a dM_g(g) \qquad (5.7)$$

能力禀赋 t' 的迁移人口流入 t 禀赋城市的最大化期望效用为：

$$EU(t',t) = wt'^a\left[\int_0^{Gt/t'} g^a dM_g(g) + \left(\frac{t'}{Gt}\right)^{1/\varepsilon-a} \int_{Gt/t'}^{+\infty} g^{\frac{1}{\varepsilon}} dM_g(g)\right] - \theta N^\gamma$$

$$(5.8)$$

如果 $\frac{\gamma}{\varepsilon}$ 接近 1，那么技能同质性的人口均衡数量是唯一的，且满足贝伦斯提出的条件，$N(t) = \left(\frac{1+\gamma}{1+\varepsilon}\xi t^{1+a}\right)^{\frac{1}{\gamma-\varepsilon}}$，其中 $\xi = \frac{(\varepsilon\sigma)^{1+\varepsilon}g^{1+a}}{\gamma\theta}$。均衡城市人口随着城市技能禀赋程度值 t、劳动力同质性比率 a，以及集聚经济 ε 的增加而增加，并随着城市成本 θ 和 γ 的增加而减少。当 $\eta = (\gamma-\varepsilon)/(1+a)$ 接近 0 时，城市规模分布接近齐夫法则。

第三节　实证分析

一、数据样本描述

由于城市与人口匹配过程设计的微观数据处理十分复杂，我们选取的研究样本是 24 个典型城市，并将其分成四类[①]。转移人口与城市相关数据来自 2004～2013 年《中国城市统计年鉴》和《中国人口与就业统计年鉴》。将 10 年观测样本分为两个阶段，每个阶段在这两个阶段里，将人口与城市关系分成 48 个匹配市场。样本中的城市规模指市辖区常住人口，劳动人口包括年龄为 16～60 岁的男性，以及 16～55 岁的女性。受教育年限分布近似于城市就业人口的技能禀赋程度，可分为高技能、中等技能和低技能三类，具体年限为：不识字为 0 年，小学为 6 年，初中为 9 年，高中为 12 年，大专为 14 年，大学本科为 16 年，研究生为

---

① 第一类是经济发达的大城市：北京、上海、深圳、广州、杭州、天津；第二类是劳动力密集的东部沿海发达城市：东莞、无锡、宁波、珠海、烟台、泉州；第三类是区域省会城市：长沙、成都、郑州、西安、南宁、长春；第四类是中西部欠发达城市：信阳、永州、遵义、河池、石河子、宜春。

19 年。虽然精确来看，将教育水平等同于劳动者技能有点牵强，但即使存在度量误差，其最终结果最多引起计量模型技能特征系数向零偏误，而城市与人口双边匹配思想正好分析了这种偏误的差异性。也就是说，这一问题并不影响本书的核心结论。在每个阶段内，以 24 个城市就业人口中受教育程度构成的百分比为权重，对受教育年限进行加权平均。影响城市生产率差异的外生变量（城市因素）的设定包括外商直接投资（外商实际投资额/GDP）、固定资产投资（固定资产投资总额/GDP）、政府财政支出（地方政府预算内支出/GDP，它既能反映地方政府对经济的干预程度，也用于反映政府的消费水平）、产业结构（第二、三产业增加值/GDP），以及是否是省会城市等变量。

二、可观测变量的估计

模型参数估计过程中分为可观测变量与不可观测变量的两个部分。可观测特征引起的选择效用能被直接地证实。名义人均产出 $y_c = Y_c/L_c$，其依赖于城市因素、人口规模和技能禀赋程度分布函数 $f(\cdot)$，若受教育年限分布近似于技能禀赋程度，那么我们从 24 个城市的人均产出回归结果可以发现：

$$\ln(y_c) = \varepsilon \ln N_c + f(M_{t,c}(\cdot), M_g(\cdot))$$
$$\approx 0.068 \ln N_c + 0.257 Educ_c + controlg_c + \tau_c \quad (5.9)$$

其中，$M_{t,c}(\cdot)$ 是城市 C 优秀人才的分布函数，$M_g(\cdot)$ 是城市因素分布函数，$f(\cdot)$ 代表与生产率关联的函数。这个回归结果显示，集聚经济弹性 ε 值为 0.068，人力资本和教育水平决定城市人均产出，起到极为重要的作用。然而，教育水平 $Educ_c$ 系数为 0.257，既不能说明受教育水平与能力禀赋之间关联程度的大小，也不能解释资源集中的大城市在多大程度上吸引优秀人才从而产出增加等内生性问题。

依据贝伦斯（Behrens，2014）的结论，并利用式（5.5）、式（5.6）和式（5.8），可将间接效用函数：$EU(t) = \int_0^{+\infty} \max\{w \times (tg)^a,$ $\pi(tg)\} dM_g(g) - \theta N^\gamma$ 变为：

$$EU_c(t_c) = \sigma^{1+\varepsilon}(Gt_c)^{1+a}(\varepsilon N_c)^\varepsilon - \theta N_c^\gamma = y_c - \theta N_c^\gamma \qquad (5.10)$$

两边取对数得到：

$$\ln y_c = e_1 + (1+a)\ln t_c + \varepsilon \ln N_c \qquad (5.11)$$

其中，e_1 为常数项。该式将人均收入水平与城市人口规模进行回归。当控制了技能禀赋因素，也就是进行了集聚经济 ε 估计。若这时我们采用均衡方法，将城市规模与能力禀赋程度分布联系起来，那么 $N_c(t)^{\gamma-\varepsilon} = \dfrac{1+\gamma}{1+\varepsilon}\xi t_c^{1+a}$，其中 $\xi = \dfrac{(\varepsilon\sigma)^{1+\varepsilon}g^{1+a}}{\gamma\theta}$，在控制其他变化因素后得到：

$$\ln y_c = e_2 + \gamma \ln N_c \qquad (5.12)$$

其中，e_2 是另一常数项，那么人均收入的人口规模弹性等于城市成本的人口规模弹性。这是因为，我们假设迁移人口的效用并不相同，在均衡时，

$$EU_c(t_c) = \sigma^{1+\varepsilon}(Gt_c)^{1+a}(\varepsilon N_c)^\varepsilon - \theta N_c^\gamma = e_3 N_c^\gamma \qquad (5.13)$$

均衡效用的人口规模弹性是 γ，也就是城市成本的人口规模弹性。我们采用中国 24 个城市的数据进行估计时发现：

$$\ln y_c = 5.69 + 0.0956\ln N_c \qquad (5.14)$$

$$\ln y_c = 7.32 + 0.51\ln t_c + 0.046\ln N_c \qquad (5.15)$$

其中，y_c 为人均产出，t_c 为某技能程度禀赋的占比。两种回归结果表明，$\hat{\gamma} = 0.0956$，$\hat{\varepsilon} = 0.046$。

可观测的结果都没有包括城市具体特征（公共产品服务、产业扶持政策等）引起的迁移选择倾向，因此它只是代表一种整体效应，笼统地包括了可观测变量和不可观测变量的选择效应。通过比较不同类型城市回归的结果可以发现，拥有更高技能禀赋的城市会有更高的人均产出，这一可观测的计量结果并不新奇。该回归方法弱化了迁移选择效应对人均产出的影响力，忽视了隐含因素——双边代理人偏好选择以及城市租激励。许多高技能转移人口选择在资源集中城市集聚，同时高技能禀赋

人才竞争激烈，使得大城市的企业平均效率更高，从而进一步强化了集聚效应，并额外派生出一些低技能就业岗位，可见转移人口与城市规模效率之间存在复杂的内生性关系。即使控制了事先选择和事后选择，目前大量研究结论仍然认为人口集聚必然意味着更高的城市生产率；相比小城市，大城市的劳动力平均产出和劳动生产率都更高。

协同集聚经济和选择效应是两个内在相互关联的问题，而目前的困难是如何从实证上区分两种效应对城市效率的相对作用。经典回归计量框架认为，双边选择情形下的人口集聚影响力与城市效率属于内生性问题，多维统计数据中无法观测其变量的内在特征。误差项与转移劳动力特征相关，而且相对于转移劳动力特征真实情况估计系数，也有偏差。比如，自身具有潜质优势（或高租金激励）的城市（数据没有观测到）与高等技能转移劳动力匹配，那么误差项就一定与高技能劳动力特征正相关，而且相对于中低技能劳动力集聚影响力，高技能劳动力对城市效率的影响力真实估计系数也会偏大，因为城市本来就具有潜质优势，而并非高技能劳动力影响力引起了城市的高效率，这仅仅是选择行为而已。一般解决内生性问题的通用做法是采用工具变量。选择的工具变量与城市效率相互独立，但与异质性劳动力特征相关。然而，要在市场因素和行政因素的双重影响下找到这个工具变量是十分困难的。在某些情况下，城市与异质性劳动力的匹配是由它们之间的相互抉择决定的，甚至价格机制会失灵。为了克服这种缺失的工具困难，我们构建了新结构模型，将双边选择现象与劳动力集聚影响力加以区分。双边匹配过程中，劳动力的选择性转移决策依赖于其他代理人的特征。而选择性转移的结果与其他代理人特征无关，比如当要素市场高技能劳动力增多时，由于城市人口容量约束，既有的劳动力就有可能与公共资源优势不明显的城市匹配，也就是劳动人口回流到中西部的中小城市。双边匹配模型中，其他转移代理人特征属于是一种外生变量，其原理与工具变量类似。基于此的结构模型就是用来区别集聚影响力和双边选择，很多国外的文献都利用了这种方法来讨论外生变量问题（Berry, Levinsohn and

Pakes，1995；Sørensen，2007）。

三、内生性问题的处理

由于大城市存在一定的人口流动自由度约束，当高能力禀赋人口规模增大时，必然引起有些转移人口在竞争选择中失利，并可能迁移到低层级的城市。人口迁移选择依赖于市场中其他转移劳动力特征，但是最终转移劳动力与城市匹配结果独立于其他劳动力特征，而其他转移劳动力的特征属于一种外生变量。我们就是基于这种思想来区别双边条件下的城市集聚和选择效应之间的内生性问题。具体计量操作思路是：某些劳动力竞争地介入市场，集聚规模不断扩大，城市与人口实际的匹配结果发生变化，同时衡量城市生产率的估计结果也发生变化，然后仔细比较以下所构建的两类方程的误差项，以观察两种方程结果的关联性和波动性。该计量模型分为两个部分。其中，一部分构建结果方程（outcome equation）来明确人口迁移结果。由于城市与人口之间选择效应以及其内生性问题的存在，依据该方程会产生不一致的结果。另一部分构建匹配方程（valuation equation）来对迁移选择效应进行识别与控制，其思路基于双边匹配理论（Gale and Shapley，1962；Roth and Sotomayor，1990；Hatfield and Kojima，2010；Abdulkadiroglu and Sönmez，2003）。本章节利用了这些匹配思想来辨别控制选择行为，以及消除结果方程的偏差。实际上，参数估计是一件非常复杂的工作，但是采用马尔科夫蒙特卡洛法（MCMC）和 Gibbs 抽样的贝叶斯估计通常比较灵活（Geweke，Gowrisankaran and Town，2003）。在一般情形下，采用实证化匹配处理内生性问题的效果优于概率模型。

四、实证模型的构建

匹配价值表示是代理人的偏好，它们在数据中无法观察到，在实证研究中是无法观察到的潜在变量，每种潜在匹配 $ij \in Q$ 的价值由以下价值方程给出：

$$V_{ij} = M_{ij}\sigma + \eta_{ij} \tag{5.16}$$

其中，$\eta_{ij} \in R^k$ 是劳动力 i 和城市 j 可以观察的特征向量，σ 包含了被估计的参数。但是，误差项 η_{ij} 包含了一些数据无法观察的因素。将价值方程代入均衡条件，给出了如下均衡条件：μ 是稳定的 $\Leftrightarrow \eta \in \phi_\mu - M\sigma$。

其中，$\eta \in R^{|Q|}$ 是误差项，$W \in R^{|Q| \times k}$ 是整个市场观测到的特征，$M\sigma \in R^{|Q|}$ 表示每种潜在匹配下 M_{ij} 与 σ 的矩阵乘积（$W\sigma = \{W'_{ij}\sigma, ij \in Q\}$）。令 $1[.]$ 表示为指示函数，匹配模型的似然函数为：

$$L(\mu,\sigma) = \Pr(\eta \in \phi_\mu - M\sigma) = \int 1[\eta \in \phi_\mu - M\sigma]dF(\eta) \tag{5.17}$$

当独立的匹配市场能被观测，似然函数就是对这些市场的产品价值的描述，至少在理论上 σ 可以通过似然函数最大化获得。匹配实证模型是离散的选择模型，通过其确定参数水平会大于真实值。其实也很好理解这种现象，匹配价值代表了偏好，而偏好不受价值水平或其变化的影响。这就意味着常数项（每个市场里其他特征是常数）被排除在 M 之外，这是因为相关系数没有被确定。通过设置误差项变量方差等于 1 来规范。

在城市与人口匹配的理论研究中，众多研究使用了结构化模型（structural model），该模型的第二部分就是结果方程。对于 $ij \in Q$，令

$$Y_{ij} = X_{ij}\beta + \varepsilon_{ij} \tag{5.18}$$

其中，X_{ij} 包含能观察到的特征，β 包含被估计的参数。误差项包含的是在数据中没有被观察到的特征。城市人均 GDP_{ij} 是 ij 匹配后的可观察数据，Y_{ij} 是潜在变量。在模型的参数都确定的假设下，误差项被认为是与 X 和 M 相互独立的，因此对于所有的 $ij \in Q$，方程的结果是明确，被估计的参数预测是整个潜在匹配结果，而不是观测到的结果。对劳动力特征的系数估计反映了异质性劳动力转移对城市发展结果的预测。该过程控制并排除了城市选择的因素作用，可表示异质性劳动力集聚结构对城市的真实影响力。

价值方程系数反映了匹配的偏好。例如，如果价值方程中高技能劳

动力估计系数是正数，那么该特征具有更高的价值，且在城市偏好排序中更靠前。如果系数为零或不显著，则表明要么匹配是随机的，要么是其所依赖的特征并未囊括在价值方程中。

为了方便起见，我们假定联合分布（ε_{ij}，η_{ij}）独立于每种不同匹配，满足以下二元正态分布：

$$\begin{pmatrix} \varepsilon_{ij} \\ \eta_{ij} \end{pmatrix} \sim N\left(0, \begin{bmatrix} 1+\xi^2 & \xi \\ \xi & 1 \end{bmatrix}\right) \tag{5.19}$$

先验分布是一个正态分布或者截面正态分布。如果正态性不是模型识别及等价所必需的，那么该条件可以放松。两种误差项的方差规定了两种方程方差的大小。η_{ij} 的方差被设定为 1，ε_{ij} 设定为 $1+\xi^2$。这种规定是为了方便估计。本书采用这两种误差项的方差信息来甄别影响匹配价值和结果的因素。比如，一个城市具有显著的公共服务资源优势或者强政策激励，而这在一般统计数据中并没有体现出来，但欲转移劳动力能观测这些现象并做出选择性转移行为，这些选择行为对城镇化发展结果而言非常重要。更深入地讲，这些问题都影响了城镇化进程中城市与劳动力匹配的价值和结果。那些数据没有观察的双边选择行为被引入结果和价值方程误差项中，并导致两种误差项的正相关。因此，方差反映是数据中未观察的因素，但是影响了最终结果，而结构化方法区别了数据中没有被观察到的选择行为特征。

在匹配模型中，城镇化的城市与转移劳动力相互作用。当一个农村转移劳动力迁入大城市可能是受政策租激励的影响，同时劳动力之间因为竞争，也会相互作用。相互影响和双边选择是模型的基本性质。为了进行估计，每个代理人的行为不能被孤立。在估计似然函数时，所有误差项被同时整合，贝叶斯估计（Bayesian estimation）使用马尔可夫蒙特卡洛（MCMC）过程有助于解决这个整合问题。这种相互作用和挑选行为使估计变得复杂，但它是解决内生性问题的重要方法。就如同最开始的例子，内生问题来源于数据未观察到的城市匹配租激励影响。其他代理人的存在影响了劳动力转移决策，导致了由于外生因素使得不同特征的劳动力迁移到城市的集聚影响力的相似（相似误差项）。为了简便，本书假设每个市场中代理人的特殊外生性是既定的，且独立于模型的误差项。贝叶斯估计考虑的主要都是正态分布。

　　将观测样本过去 10 年的情况分为两个阶段，每 5 年为一个阶段。在这两个阶段里，将劳动力与城市关系分成 24 个匹配市场。能观测到的劳动力特征是人口年龄结构、学历水平、性别等。此外，将劳动力分为高技能、中等技能和低技能三类，劳动者的受教育年限作为劳动者技能水平的代理变量。由于现实中度量劳动者技能水平十分困难，并且在现有的环境下也无法进行科学的统计。从精确的角度来看，将教育水平等同于劳动者技能有点牵强，但即使存在度量误差，其造成的影响也只是使"技能"的系数向零偏误，且双边匹配模型分析了这种偏误差异性，所以这并不影响本书的核心结论。在匹配模型中，两个内生变量是结果和匹配。城市劳动力人均 GDP 显示劳动力与城市匹配后的结果（有的文献也用城市劳动力的平均产出这一指标来度量城市劳动生产率）。这是一种劳动力对城市发展较为粗糙的测度。此外，另一个内生变量是劳动力和城市的匹配，可以由 24 个匹配市场数据直接得到。影响城市效率的外生特征被设定为经济增长的其他动因，包括外商直接投资、固定资产投资、政府财政支出、产业结构，以及是否省会城市等变量。引入这些控制变量，大大降低了模型遗漏变量的可能性。由于一个城市的资本积累与城市发展存在相关关系，不断增加的资本量与高技能劳动者匹配，可能会带来更大的集聚影响力，从而促进城市发展。控制一个城市的外商实际投资额和固定资产投资，减弱了由投资刺激所导致的劳动力对城市发展的估计偏误。本模型还控制了城市的产业结构，这是基于这样的考虑，即城市的转型及发展与其产业结构息息相关，同时不同劳动者与城市的匹配程度对城市发展的激励也完全不同。在我国，城市的发展受政府的影响，其对于城市经济的干预程度存在差异性，直接影响当地 GDP，此外财政支出所提供的公共产品也会引导劳动力的不同流向。

而在模型中加入是否省会城市，则是为了控制不同行政级别城市与劳动力的相关关系。

五、城市选择效应的实证结果

从计量的视角来看，有两种明显的选择效用，即可观测变量的选择和不可观测变量的作用。可观测变量的选择效用能被直接证实。表5.1是针对劳动力受教育水平，在四类城市所做的回归分析。毫无疑问，中国的城市经济快速发展主要受政府的推动，特别是在第三类城市（中部地区省会城市），财政支出每增加1%，城市人均GDP增加高达0.329%，而增幅最低的第一类城市也有0.265%。在考虑用劳动力受教育水平衡量劳动力技能时，我们发现越发达的城市越能吸引更多高技能劳动力，第一类城市的劳动力平均受教育水平最高。然而，受教育水平提高1%，第一类城市的人均GDP提高0.0354%，仅略高于第二类城市0.0348%，两者之间几乎没有本质差别（第三类城市和第四类城市分别是0.0328%和0.0301%）。对单独某一类城市进行回归，可观测的结果都没有包括城市具体特征（公共服务、落户、社保等政策），因此这只是一个整体效应，包括了可观测变量和不可观测变量的选择作用以及城市对人口的选择作用。通过对不同类型城市回归进行比较可以发现，拥有更高技能水平的城市，其人均产出更高。上述可观测的结果可能比较简略，但一点也不会令人感到惊讶，原因有三：第一，许多高技能劳动力在资源集中的第一类城市集聚，这样会额外派生出一些低技能服务岗位，如保姆、出租车司机、快递员等，这就从统计数据上降低了技能水平对人均GDP影响；第二，富裕人群将自身固有财富和资源转移到这类特大城市，这并非劳动力与城市发展的关系；第三，由于这类特大城市优质的公共服务体系，中等技能劳动力出现"资源竞逐"和"多数竞逐"，大量涌入，这可能使得城市结构无效率均衡。采用这种可观测的平均技能来分析劳动力对城市发展的集聚影响力，忽视了重要的隐含因素，即双边代理人偏好选择，以及异质性双边结构的匹配租激励。

表 5.1

OLS 估计

解释变量	第一类城市		第二类城市		第三类城市		第四类城市	
	系数	标准差	系数	标准差	系数	标准差	系数	标准差
常数项 C	4.757457	(2.324024)	5.396457	(1.929020)	5.678421	(3.393215)	4.967435	(2.324024)
教育水平	0.03541	(0.066447)	0.034864	(0.106509)	0.032853	(0.860637)	0.030116	(1.906539)
财政支出对数	0.265764	(0.147902)*	0.329631	(0.06902)**	0.290665	(0.802387)*	0.308643	(0.09162)**
外商直接投资对数	0.40586	(0.284216)	0.390586	(0.90534)	0.508753	(0.084216)	0.097538	(0.498074)
固定资产投资对数	-0.263985	(0.372442)	0.208593	(0.194642)*	0.087034	(0.208672)	0.120964	(0.390546)
第三产业/GDP	1.327371	(1.273509)	1.943209	(0.974891)	1.109863	(1.358629)	0.390951	(1.970987)
进出口/GDP	-0.163818	(0.139803)	-0.103885	(0.395320)	0.063915	(0.019973)*	-0.004986	(2.190843)
餐饮、家政服务/GDP	-0.25928	(0.806132)	0.02388	(0.532292)	-0.0045	(1.865327)	0.032853	(0.609621)
R^2	0.997718		0.942437		0.982175		0.929748	

注：表内显示的是针对四类城市进行回归后的系数，被解释变量是城市人均 GDP（在回归时取对数）。*、**和***分别代表在 10%、5%和 1%下的显著性水平。

事实上，未被观测特征的选择影响力远远比在统计数据上的挑选影响力重要。下列结构化模型的价值方程估计对可观测变量选择因素提供了更详尽的分析。价值方程的估计分析在表 5.2 的下半部分。价值代表的是匹配过程中代理人的偏好。价值方程中被估计系数表示代理人对方程中包含的某种特征的偏好大小。

表 5.2　　　　　　　　　　结构模型的贝叶斯估计

结果方程				
	均值	dF/dX	dP/dW	标准差
受教育水平	0.0574	0.0394		（0.0521）**
低技能劳动力	0.0034	0.0032		（0.0823）***
时期	0.0692	0.0496		（0.2065）*
第一类城市	0.1082	0.0921		（0.5093）***
第二类城市	0.2139	0.0995		（0.0734）**
第三类城市	0.3043	0.0892		（1.1093）**
第四类城市	0.0699	0.0619		（0.0615）***
常数项	0.1580	0.0681		（0.0945）

价值方程				
	均值	dF/dX	dP/dW	标准差
受教育水平	0.0385		0.0931	（0.0216）***
低技能劳动力	0.0032		−0.0023	（0.2290）
时期	0.0098		0.0092	（0.3024）
第一类城市	0.1893		0.0952	（0.0844）***
第二类城市	0.2309		0.1254	（0.1038）***
第三类城市	0.0139		0.0689	（0.0396）
第四类城市	0.0932		0.0932	（0.0290）
方差	0.4246		0.4218	（0.0463）***

注：*、** 和 *** 分别代表在10%、5%和1%下的显著性水平。

被估计的受教育水平系数为正且显著。这表明，城市与受教育水平更高的劳动力匹配往往会产生更高的匹配价值。同时，所有城市都欢迎高技能劳动力。几乎所有城市都会采取相关的人才吸引政策，促进高技能劳动力落户和创业。高技能劳动力本来就存在较高的人力资本水平，对城市产业结构发展升级具有重要的推动作用。而且高技能劳动力集聚还会大量增加对低技能劳动力的需求，提供了大量诸如保姆、服务员、专业司机等就业岗位。

第一类城市和第二类城市估计系数为正且显著。这表明，在我国，现阶段劳动力选择向北上广深或者中部地区资源集中的省会城市等特大城市流动。综上所述，一方面，特大城市更加愿意吸引高技能或富裕人群，而这类人群的集聚会派生大量的低技能劳动力岗位；另一方面，劳动力更加愿意迁移到资源集中的特大城市或省会城市。这就体现了双边市场选择特征。ols 模型系数显示了劳动力流动规模的大小，模型的误差项系数满足正态分布。匹配模型与之不同的是，假设转移劳动力会在两个城市之间进行选择，而且两个城市的特征相同且可被观察，那么转移劳动者在进行选择时会依赖于其他不可观测的因素，转移劳动力选择迁居某个城市而非其他城市的概率是 50%。在外部条件相同的情形下，劳动力选择第一类城市而非其他城市的概率是 59.52%。概率边际增长 9.52%。这个边际概率在表 5.2 的 dP/dM[①] 列中列出。劳动力选择在第二类城市就业居住而非其他类的概率是 62.54%。从城市对其他外部条件相同的两个劳动力进行选择的视角来看，其中一个劳动力的受教育水平增加一个单位，那么城市选择该劳动力的概率将增至 59.31%，城市选择其偏好的劳动力边际概率增加了 9.31%。这些数字显示了劳动力有更加强烈的偏好选择不同的城市，而城市对劳动力的选择偏好则相对较弱。这表明，在我国当前推进城镇化的背景下，公共服务等资源集中导致劳动力集聚在特大城市。

---

① 相对于匹配 ij，市场更受偏爱的匹配 $i'j'$ 的概率等价于 $Pr(M'_{i'j'}\sigma + \eta_{i'j'} > M'_{ij}\sigma + \eta_{ij}) = \Phi[(M'_{i'j'} - M'_{ij})\sigma/\sqrt{2}]$。$dP/dM$ 等于 $\phi(0)\sigma/\sqrt{2}$，其中 Φ 表示分布函数，ϕ 表示正态分布密度函数。相应地，对二值变量而言，边际效应是离散变化的评估。

　　表5.2是结构模型两种方程参数的贝叶斯估计。结果方程的被解释变量是城市人均GDP，价值方程被解释变量是潜在的价值变量。表中列出了参数模拟的先验分布均值和标准差。结果方程所列的系数依据标准的最小二乘法修正，dF/dX代表边际效应，而边际效应是先验分布均值的估计，也是一种所标识变量的离散变化效应。dP/dW表示选择某种更偏好的匹配而放弃当前匹配的边际概率变化。

　　不可选择变量的选择效应可以通过价值方程的误差项测度出来，技能更高的劳动者转移到具有更好匹配租且特征变量未被观测的城市，其匹配价值误差值相对于平均值而言更高。图5.1纵轴代表的是劳动力转移至城市的价值误差项平均值。这一平均值越大，意味着劳动力转移到城市存在更明显且未被观测到变量（比如更优质的公共服务或落户政策）。图5.1显示了拥有更高技能的劳动力转移到更好且有没被观测的特征的城市，反映了未观测变量的选择作用。

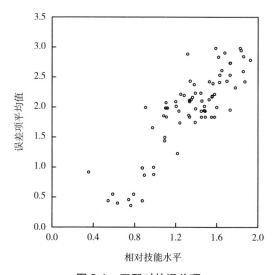

图 5.1　匹配对的误差项

　　对于每个市场的转移劳动力，价值方程中的误差项平均值表达的是相对于所有市场技能平均水平的函数，最发达的城市的劳动力的平均受教育水平是全国水平的1～2倍。

价值方程和结果方程在误差项之间的关联提供了未观测变量的选择作用的统计上的度量。当未观测变量对结果方程的影响为正，那么结果方程误差项也为正，若该变量可以在价值方程中识别，那么价值方程中的误差项也为正数。未观测到的变量的选择作用导致了这两类误差项之间的正向相关。剔除未观测变量的选择作用，两类误差项是相互独立的，那么针对选择作用的统计检验是检测误差项的方差是否显著大于零。在表5.2中，方差是0.42，在1%显著性水平时大于零（单边检验），即对未观测到变量的无选择作用的假设被拒绝。结果方程的系数（见表5.2）表明，在控制市场选择作用后，估计代理人特征对结果的依赖性，劳动者技能水平系数为正且显著，说明了不同技能类型劳动力集聚影响力的差异。劳动力受教育水平的边际效应是0.0394。在结果方程中的其他被估计的参数结论并不稀奇。低技能劳动力对迁移城市的影响力小，但效果非常显著。第二类城市最受劳动力的青睐，人均产出增长速度相对于其他城市的平均增长速度提高了9.95%的概率，其次是第一类城市（9.21%），最后是第三类、第四类城市。

第四节 小 结

中国不仅城市结构具有不完全产业集聚特点（协同集聚），而且人口转移偏好并非同质性的。也就是说，集聚效应和选择效应共同影响了中国城市的生产率。选择效应影响中国城市生产效率差异主要指人口流动目的地偏向性以及市场竞争程度。这意味着，选择效应来自两个方面。一是迁移选择。公共资源分布不均衡，以及地方产业政策差异引起人口迁移选择具有偏向性。在产业协同集聚情形下，劳动人口增加对同行业的影响更大，劳动人口更愿意选择同类产业主导的城市，即转移人口的"多数追逐"行为。为寻求城市产出最大化，地方政府也往往采取相关的产业政策来促进效率增加更快的行业发展。如果这些城市的公共资源占有优势，也会影响经济主体基于城市租政策而非成本的选址行为。而地方政府因推动城镇化的动因存在差异，会对转移人口设置某种程度的限制，从而引起更深层次的双边选择，因此城市政府扮演非常积极角色后的双边匹配行为需要进一步研究。二是竞争选择。在人口规模更大、行业生产率更高的城市，劳动力或厂商的竞争更激烈，低生产率的经济个体在市场竞争的筛选作用下被淘汰。此外，企业利润伴随着城市人口集聚而不断提高，更可能成为企业家的优秀人才在大城市获益最多。而行政、医疗和教育等资源过度集中，进一步推动转移人口涌入大城市，加剧了市场竞争的程度。只有生产效率更高的企业，才能在大城市生存，这进一步强化了集聚经济，而集聚经济边际报酬递增会带来城市的高生产效率。特别是当集聚经济强度和城市成本两者之间的差距很小时，由选择效应引起的生产效率的微小差异会导致城市规模出现巨大变化。

在采用新结构计量模型估计中国 12 个典型城市与劳动力匹配的数据后可以发现，中国大城市的高技能和低技能两种极端劳动力的互补性逐渐增强，凸显出一种高技能和低技能劳动力典型分群现象。优秀人才或高技能劳动力与城市人口规模的互补性更强，在大城市，更高技能的劳动力能从彼此身上学习更多的知识等。得益于高技能劳动力在大城市集聚，低技能劳动力在不可贸易的服务行业可以获得大量的工作机会，如保姆、保洁工、出租车司机、快递配送员等职业。在完备流动性市场条件中促进中等技能劳动人口而非低技能劳动者往中小城市有序合理转移是城镇化机会成本最低的途径之一。特大城市与中等技能劳动力匹配价值并非如传统经济分析的那么重要。尽管传统数据分析结果认为，相对低技能劳动力而言，中等技能劳动力能引起更高的城市产出，然而选择效应则认为，中等技能劳动者选择本来就具有内在及潜在优势的城市，这是他们选择城市的结果，而非本身集聚效应。

城市与人口双边匹配所形成的城市生产率是城市经济研究"悬而未决"的谜题。尤其是，当政府在城镇化过程中扮演积极角色时，选择效应引起产业结构调整和人口迁移变化，这需要进一步深入研究。值得注意的是，基于匹配思想的新结构化计量模型分析结果需要进一步完善，因为它没有将匹配价值数量最大化。这种效率损失的根源是假设匹配双边参与者效用不可转移。若效用能实现完全转移，则市场均衡结果能满足匹配价值最大化条件，但缺点是不方便处理似然函数。我们可以估计潜在匹配价值的提升，但不太可能精准测量效率的高低。因为在分析双边市场效率时，就效用是否可转移问题的讨论是非常关键的。我们匹配模型假设的前提就是效率并非最优，而不是估计结果，假设效用不可转移需要提出一个市场失灵模型分析，尽管匹配价值并非完全真实无误，转移人口与城市匹配模型足以认为双边选择过程中良好的近似。此外，市场并非效率最优假设源于城市政府因素，而非扭曲编造。双边匹配实证模型并非完全孤立，不适用，它能极大地有利于深入研究代理人影响力与相互选择并存的市场。不仅仅是劳动力市场雇主与雇员匹配，其在其他领域也被广泛运用，譬如风险资本与创业公司匹配、信贷双边匹配，以及招生学校与学生匹配，等等。

第六章　人口迁移与城镇化发展

第一节　城镇化的现状

随着制造业和服务业比重的增加，城镇化率会不断提高，但从全国层面来看，城镇化与制造业的关联性并不特别明显（见图6.1），尤其是落后地区[①]城镇化快速推进并非由于制造业繁荣，两者之间甚至呈现出负相关关系（见图6.2）。例如，2010年永州的城镇化率为35.3%，第三产业产值占GDP的比重达40.33%，远超第二产业，就业人口主要集中于不可贸易服务业，而可贸易服务业与制造业所占比重很低，这是落后地区普遍存在的现象。市场一体化需要超越制造业本身去分析工业化。如果按照歌林（Gollin，2013）对工业化定义，即现代工业应该涵盖制造业和可贸易服务业两个部门，那么大量劳务输出的落后地区正在慢慢偏离以工业化驱动城市化的传统结构转型路径，即使经典的刘易斯理论也难以完美地解释这一现象。在过去几十年里，落后的发展中国家（特别是非洲撒哈拉地区）利用资源出口优势，一度出现了城市化率快

---

① 限于流动人口数据的可得性，本书选取的样本包含9省（河北、辽宁、吉林等）29个地级市（地区），且满足人均GDP低于所在省份的中位数。虽然从大区域来区分，江苏属于发达省份，但是落后地区是个相对概念，若从省级内部比较区分，苏北部分地市相对于苏南地区仍然是落后地区。我们样本选取的主要依据是基于劳动力相对流动的视角，故细化至各省内部作为参照系更能体现模型的普遍性。为确保测度人口流动数据的权威性和前后连贯性，采用第六次全国人口普查数据最新时间（2010年）为节点。

速提升的现象。与之不同的是，我国之前的城市化建设以及当前正在推进的新型城镇化进程中，政府力量都扮演着十分重要的角色（雷潇雨、龚六堂，2014；胡尊国，2015，2016）。在这种"城市偏向政策"，甚至行政手段的背景下，是否能够打破仅仅依靠本地制造业或可贸易服务业繁荣才能实现高度城镇化的规律？在既定人口管理和土地制度下，"城市偏向政策"对落后地区城镇化发展究竟产生了什么影响？

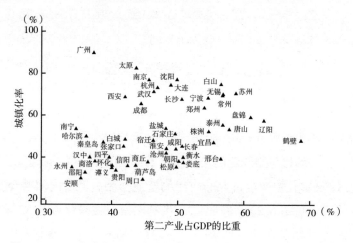

图6.1　2010年中国不同地区制造业占GDP的份额与城镇化程度

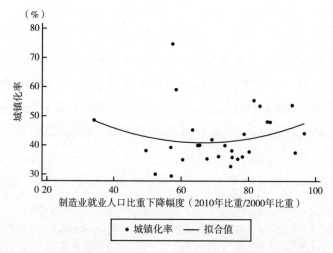

图6.2　2010年落后地区制造业从业人口占比与城镇化程度关系

根据刘易斯结构转型理论，随着城镇化的推进，城乡和地区收入差距应该逐渐变小。以韩国为例，其城乡收入比已降至 1.4 以下。然而，在我国，却出现了相反的情形。有的研究者将其归因于户籍制度以及土地产权制度（陆铭、陈钊，2011），而有的人则认为，尽管城镇化初期收入分配差距会扩大，但后期这一不平等状况会得以修正，特别是 1995 年后的整体不均等是由城镇化以外的其他因素造成的（万广华，2013）。事实上，不管城镇化的动力是来源于非农业部门增长的"拉力"（Schultz，1953；Gollin and Parente，2007），还是农业部门增长的"推力"（Lewis，1954；Lucas，2004），除少量资源出口型国家以外，大部分结构转型后的国家（地区）的就业人口既分布于可贸易产品生产部门，又分布于不可贸易产品生产部门。部门相对生产率变化所引起的结构转型意味着城镇化与工业化同步进行，城镇化的驱动力是工业化本身，结果产生了所谓的"生产性城市"（productivity cities），比如我国的沿海发达城市或省会城市。发达地区的高工资吸引落后地区的劳动力流入。在"半城镇化"制度背景下，无论他们选择继续务工还是选择回流就业，都会增加对户籍地房地产、私人服务等不可贸易品的需求（恩格尔消费规律），吸引大量的转移人口在本地不可贸易服务业就业，而工业部门（制造业和生产性服务业）的相对生产率并没有大幅度增加，这就是无工业化的城镇化。这种特殊的驱动力使落后地区呈现"消费性城市"（consumption cities）特征。该驱动模式可由外出务工劳动力资源租（rents）消耗来解释。当然，如果流出的劳动力来自制造业和服务业部门，这种人口外流对落后地区城镇化的负面作用也是显而易见的，而目前就转移劳动力流动对落后地区城市增长净效应的相关结论还很模糊。因此，本书将在外地就业，回户籍地消费的外出务工群体视为落后地区城镇化与工业化关系极其重要的一个变量，以此首次构建了涵盖农业部门、可贸易品生产部门、不可贸易品生产部门以及劳动力资源部门的均衡模型，以探讨落后地区城镇化的推动力量并非完全源于制造业和可贸易服务业（即工业化），而是在很大程度上依赖于外出劳动力务工收入提高的这一现象。此外，还从能够观察到的数据，以及实验经济方法模拟转移劳动力跨部门匹配结果中得到了一些新的启示。

　　尽管国内尚无将输出劳动力资源视为落后地区一个独立部门的相关研究，但是本书所构建的四部门均衡模型只是将农业、制造业和服务业三部门模型进一步分类细化，与国内外现有文献并没有任何冲突。此外，就美国式"消费型城市"而言，通常是高消费城市比低消费城市发展更快（Glaeser, Kolko and Saiz, 2001）。而我们所定义的"消费性城市"则完全不同。它是指，在我国，落后地区在城镇化进程中，外出务工劳动力净收入增加，居民支出多用于消费户籍地不可贸易产品及服务，从而出现"消费性城市"。这一思路与歌林和杰德韦伯（Gollin and Jedwab, 2013）的基本定义基本一致。与不可贸易部门相比，若认同可贸易部门长期劳动力生产率更高的观点（Duarte and Restuccia, 2010；Rodrik, 2011），那么落后地区所出现的"消费性城市"长期生产率的低增长也是一种必然趋势。即便如此，作为经济集聚的一种形式，城市化确实能促进发展中国家的经济增长（Glaeser and Gottlieb, 2009；Duranton, 2008；Venables, 2010），中国也不例外。虽然就新型城镇化应该深入推进的观点已经达成共识（简新华、黄锟，2010；王曦、陈中飞，2015），但对于究竟是走大城市路线，还是走小城市路线，还存在一些异议，尤其是对于城镇化具体路径或工业化政策仍存在较大争议。在新中国成立初期，政府制定的"剪刀差"政策人为压低农产品价格，以实现城市工业部门扩张，但是依靠扭曲的价格体系难以维持城市长期发展。近些年来，各地轰轰烈烈地推动城镇化进程，兴建开发区、规划新区和新城，建设中央商务区，推进乡镇产业化和村庄产业化等。然而，政府实施"城市偏向政策"后的效果分化比较严重。若地方政府采取降低工业地租、拉抬商住地租的策略，固然对促进工业化和城镇化是有效的，但由于政绩考核导向，地方政府推进城镇化政策可能会脱离产业演进规律，仅仅为了低效的就业规模扩大，从而导致制造业产能过剩（刘航，孙早；2014）。此外，许多研究还从反面理论和实证角度解释了当前中国依靠农村工业化来增加就业的道路的不合理性（钟宁桦，2011）。

第二节 基本理论模型

在落后地区城市化的背景下，城市与转移人口双边匹配源于以下双边市场的异质性特征。

第一，劳动力异质性特征引起就业定居选择差异。（1）通常，先从农村转移出去的都是精干劳动力，即相对年轻和受教育程度高的劳动力。而留在农村的剩余劳动力整体呈现出人力资本浅化的现象。（2）相对其他类型的劳动者，高学历、高技能劳动者选择大城市，因为学习机会和效率更高。（3）新一代和旧一代劳动力的闲暇替代和保留工资有明显差异。新一代农民工完全不愿意像父辈那样从事重复、简单机械的劳动，他们对城生活品质和工作环境要求高。

第二，城市所提供公共资源的异质性特征引起了复杂的城市租激励。（1）东部、中西部以及不同行政级别城市发展水平的差距巨大，优质资源过于集中在部分地区或城市。（2）城镇化落后于工业化，大量的转移劳动力没有在就业城市获得均等化的公共服务，而且不同层级城市的公共服务无法在短期内实现均等化。（3）不同层级的城市在推动差异化的劳动力转移方面的鼓励或限制政策引导了人口的选择性流向。在我国城镇化进程中，劳动力转移是一个多方决策过程。一方面，劳动力转移决策考虑期望收入和成本；另一方面，城市则在聚集效应和拥挤效应间进行权衡以做出劳动力政策选择。同时，转移劳动力就业选择也受制于企业竞聘筛选。这其实都是代理人双边选择的过程，其思路来源于合作博弈。

尽管落后地区由传统的工业化来带动城镇化非常困难，但是转移劳动力外出务工，其盈余收入提高，这为驱动城镇化提供了另一种来源。

我们改进了歌林（Gollin，2013）的四部门模型，并融入了劳动力流动因素。这种跨区域流动是获得盈余收入的关键，与歌林模型讨论依靠矿产或能源出口来提高收入并快速提高城市化率有所不同。但不论收入提高的来源如何，按照恩格尔消费周期规律，转移劳动力会自然形成跨部门就业匹配或结构转型。在本书中，均衡理论涉及的工业化包含制造业和可贸易服务业，以描述一体化市场中生产两类产品情形：一是可贸易品，如制成品和可贸易服务等能以统一市场价格进行交易的，其与工业化紧密相关；二是不可贸易品，如私人服务、零售、建筑以及餐饮等不能在统一市场交易的，其价格由区域内生性决定。本地可贸易品生产部门生产率提高，能吸纳其他部门劳动力进入该部门就业，使得城镇化率、工业化水平以及人均收入同步增加。若劳动力资源部门生产率（工资）提高，许多劳动力（尤其是可贸易服务和制造业劳动力）从落后地区流出，对当地城镇化产生了一定的负效应。但不论他们选择继续在外地务工或者回流，都会增加对户籍地非贸易产品服务的需求（如购房，子女教育等）。因此，通过四部门均衡方法来分析盈余收入效应与相对生产率效应的关系，是探讨落后地区城镇化发展以及是否会出现"消费性城市"的关键。

一、居民效用与支出

假设居民对数线性效用 u 源于三个方面的产品，即农业部门产品 c_f、工业部门可贸易产品 c_t 和不可贸易产品 c_b，那么：

$$u = \lambda_f \ln c_f + \lambda_t \ln c_t + \lambda_b \ln c_b \tag{6.1}$$

λ_t、λ_f、λ_b 的取值为 $0 \sim 1$，且满足 $\lambda_f + \lambda_t + \lambda_b = 1$，效用函数是位似的。不同于标准的结构转型和城市化模型，这里构造四部门理论模型不用假设需求非位似性，但最后的结论可以与非位似性统一。居民收入 q 支出满足：

$$p_f c_f + p_t c_t + p_b c_b = q \tag{6.2}$$

其中，p_i 是产品 i 的价格。在对数线性效用给定的情形下，居民对产品 i 支出最优选择等于效用函数权重 λ_i：

$$p_i c_i = \lambda_i q \tag{6.3}$$

落后地区家庭收入由四个部分组成：工资、外出务工盈余收入租、土地租、资本租。w 为工资，L 为地区总人口，单位输出劳动力资源 $\dfrac{R}{L}$ 获得报酬 ω_r，单位资本 $\dfrac{K}{L}$ 获得报酬 ω_k，单位土地 $\dfrac{X}{L}$ 获得报酬 ω_x，因此居民收入为：

$$q = w + \omega_r \frac{R}{L} + \omega_k \frac{K}{L} + \omega_x \frac{X}{L} \tag{6.4}$$

假定资源（资本和土地）是均匀分配的。尽管外出务工的盈余收入分配不相等，但由于满足对数线性效用，不同偏好或财富的家庭对不同产品支出的比例仍然是 λ_i。

二、一般均衡

地方性市场生产三种产品，这三部门的产出函数分别为：

$$Y_f = A_f X^\alpha L_f^{1-\alpha} \tag{6.5}$$

$$Y_t = A_t K^\alpha L_t^{1-\alpha} \tag{6.6}$$

$$Y_b = A_b L_b \tag{6.7}$$

A_i 为 i 部门的生产率，$i \in (f, t, b)$，L_i 为在 i 部门就业的劳动力，生产可贸易产品使用资本 K，生产农产品使用土地 X，生产不可贸易产品仅仅使用劳动力 L_b。为了简便起见，假设农业和可贸易部门的 α 值相等。暂且只考虑劳动力转移跨部门双边匹配静态问题，既没有将边际报酬递增或集聚经济等决定城市生产率的因素纳入模型，也没有融入资本积累和生产率内生化思想。本书后续部分会着重讨论融入资本积累或内生性生产率后，没有工业化的城镇化在长期可能出现的结果。除了上述三部门之外，我们假设落后地区存在劳动力资源部门，外地务工产生的盈余收入的很大一部分用于在户籍地的消费，该特殊部门是落后地区城镇化的重要部门，其产出为：

$$Y_r = A_r R \tag{6.8}$$

其中，A_r 是部门要素生产率，R 是外出劳动力资源。在比较静态分析劳动力转移与部门匹配时，R 的大小显示了外出劳动力资源基数变化如何引起结构转型。

假设外出劳动力、可贸易产品和农产品面对的是一体化市场，价格是外生的，分别为 P_r^*，P_t^*，P_f^*；不可贸易产品的价格是 p_b，由当地封闭市场的内生性决定。一体化市场中，产品满足自由竞争，外出劳动力、资本、土地都取得边际产出，那么：

$$\omega_r = p_r^* A_r \tag{6.9}$$

$$\omega_k = \alpha p_t^* A_t \left(\frac{L_t}{K} \right)^{1-\alpha} \tag{6.10}$$

$$\omega_x = \alpha p_f^* A_f \left(\frac{L_f}{X} \right)^{1-\alpha} \tag{6.11}$$

若劳动力在不同部门间自由匹配并获得均衡工资，则：

$$w = p_b A_b = p_r^* A_r = (1-\alpha) p_t^* A_t K^\alpha L_t^{-\alpha} = (1-\alpha) p_f^* A_f X^\alpha L_f^{-\alpha} \tag{6.12}$$

农业部门就业人口 L_f、可贸易品部门就业人口 L_t 与外出劳动力资源部门的关系如下：

$$\frac{L_f/L}{L_t/L} = \frac{X}{K} \left(\frac{p_f^* A_f}{p_t^* A_t} \right)^{\frac{1}{\alpha}} \tag{6.13}$$

$$\frac{L_t}{L} = \frac{K}{L} \left[\frac{(1-\alpha) p_t^* A_t}{p_r^* A_r} \right]^{\frac{1}{\alpha}} \tag{6.14}$$

$$\frac{L_f}{L} = \frac{X}{L} \left[\frac{(1-\alpha) p_f^* A_f}{p_r^* A_r} \right]^{\frac{1}{\alpha}} \tag{6.15}$$

　　劳动力与这三部门的匹配数量比重和不同部门相对生产率密切相关，而不可贸易部门产品仅仅在本地区生产和交易，其价格由内生性因素决定，那么一定有：

$$\lambda_b q L = p_b Y_b \tag{6.16}$$

　　与农产品、可贸易部门产品可以在一体化市场生产和交易不同，劳动力资源部门的产出应该由劳动力流出地和流入地共同分享。若户籍地分享比例为 γ，其大小直接取决于政府人口和土地方面的"城市偏向政策"，那么落后地区平衡状态满足如下条件：

$$(\lambda_f + \lambda_t) q L = \gamma p_r^* Y_r + p_t^* Y_t + p_f^* Y_f \tag{6.17}$$

　　这说明了农产品和可贸易产品的总支出等于可贸易部门总生产值。为了获得从事不可贸易生产部门的就业人口比重，将式（6.16）和式（6.17）联立，得到：

$$\frac{\lambda_b}{\lambda_f + \lambda_t} = \frac{p_b Y_b}{\gamma p_r^* Y_r + p_t^* Y_t + p_f^* Y_f} \tag{6.18}$$

　　使用之前定义的生产函数和不同部门均衡状态工资相等原理，则上式又可写为：

$$\frac{\lambda_b}{\lambda_f + \lambda_t} = \frac{L_b}{L_r/(1-\gamma) + L_t/(1-\alpha) + L_f/(1-\alpha)} \tag{6.19}$$

　　若该地区劳动力总人口为 $L = L_b + L_t + L_f + R$，那么：

$$\frac{L_b}{L} = \frac{1}{\lambda_b + (1-\alpha)(\lambda_f + \lambda_t)} \cdot \left\{ [\gamma(1-\alpha) - 1]\lambda_b \cdot \frac{R}{L} + 1 \right\} \tag{6.20}$$

　　由 $(1-\alpha)\gamma - 1 < 0$ 可知，输出劳动力资源 R 对 L_b 有反向作用，这表明外出务工劳动回流（即 R 减少）将增加非贸易部门的就业比重。如果没有劳动力资源输出部门，即 $R/L = 0$，则该模型导出结果与传统的城市化模型是一致的，不可贸易部门劳动力就业比重将依赖于不可贸易部门支出份额情况。

　　在均衡情形下，式（6.13）、式（6.14）、式（6.15）和式（6.20）阐述了随着劳动力资源部门价格 p_r^*（或外出务工人员收入）和劳动力资源部门生产率 A_r 的增加，劳动力输出的落后地区一定会出现下列情况：

（1）$\frac{L_f}{L}$ 和 $\frac{L_t}{L}$ 减少，即农业部门和可贸易部门的就业人口比重减少；

（2）$\frac{L_b}{L}$，$\frac{L_b}{L_t}$ 和 p_b 增加，即不可贸易部门的就业人口比重、非贸易部门与贸易部门的就业人口比，以及不可贸易产品价格均增加。

　　这一命题解释了无论是由实际生产率还是其他因素引起外出劳动力资源部门价格 p_r^* 提高，都会导致落后地区四个部门就业人口比例转变，但这种变化并没有涉及工业化。当劳动力资源部门工资（劳动生产率）p_r^* 上涨时，即外出务工者收入真实增长，促使他们在户籍所在地区需要更多的不可贸易品。而提供更多不可贸易品的唯一途径是该部门从业人口比例 L_b/L 增加，从而不可贸易品 p_b 价格一般也会上涨，以确保工资仍然与其他三部门大体相同，这类似于巴拉萨—萨缪尔森效应（Balassa-Samuelson effect）。然而，不管是劳动力资源部门生产率 A_r 提升，还是工资 p_r^* 上涨，都会引起落后地区 L_f/L 和 L_t/L 下降［见式（6.14）和式（6.15）］，当地农业部门和可贸易部门的就业人口外流，这类似于罗伯津斯基效应（Rybczynski effect）。如果相对于农业部门，可贸易部门在开始时其就业人口的比重足够小，那么不可贸易部门的从业人口比例 L_b/L 的增加幅度一般大于可贸易部门 L_t/L 的下降幅度，城镇化率同样会增加。因此，落后地区没有繁荣的工业也能实现城镇化率大幅增加，即出现所谓的"消费性城市"。

　　如果 $R=0$，劳动力资源部门完全不存在，城镇化唯一途径是由工业化驱动"生产性城市"发展，因为贸易部门生产率 A_t 高于农产品部门生产率 A_f。落后地区城镇化快速发展的另一部分影响是分享劳动力资源部门产出大小，在式（6.20）可以看到，γ 越大，不可贸易部门的就业人口比例扩大的动力越强劲。值得注意的是，当 γ 接近 $1/1-\alpha$ 时，第一种效应会抵消第二种效应，劳动力流入或流出对不可贸易部门的就业人口比重没有影响。然而，不管是土地制度，还是人口管理等"城市政策偏向"引起劳动力回流（即 R/L 降低），或者是劳动力资源部门总产出分配比 γ 增加，都会扩大不可贸易部门的就业比重 L_b/L。

三、城镇化政策偏向性

上述基本模型假设居民偏好是对数线性，居民收入对不同商品的支出比例相同，这意味着劳动力资源租的分配不影响劳动力跨部门匹配。然而，现实情况是，外出务工人员收入增加基本都发生在一些青壮年劳动力身上，而他们的支出偏好或恩格尔消费周期与政府城镇化政策息息相关。只要政府在户籍、教育或其他公共政策方面做出一定的政策调整，那么回流劳动力更愿意把这些收入用于当地不可贸易品的消费。在当前的制度大背景下，地方政府对于人口流动管理以及产业政策带有明显的选择性特征，它们更愿意将劳动力资源租偏向于城镇领域。因此，我们将基本模型进行相应的修改以解释上述情况。相当一部分本地就业人口依靠工资收入、资本回报、土地回报生活，这三类人群对三种产品的偏好与基本模型一致，权重仍然是 λ_f、λ_t、λ_b。此外，回流人群偏好也满足对数线性，其权重为 θ_f，θ_t，θ_b，而他们更易受"城市偏向政策"影响，因此更偏爱将务工收入倾斜性地用于不可贸易品消费，即 $\theta_b > \lambda_b$。外出务工人员用于住房、私人服务的开支大于农产品，这是对非位似效用的大概描述。设回流群体占落后地区总人口的比例为 ε，当地就业人口与回流人口两类人群在不可贸易品部门生产和支出满足：

$$\hat{\lambda}_b(wL + \omega_k K + \omega_x X) + \theta_b \omega_r \gamma R = p_b Y_b \qquad (6.21)$$

其中，$\hat{\lambda}_b = \lambda_b(1 - \varepsilon) + \theta_b \varepsilon$ 表示两类人群开支比例的加权平均。同样，当地就业人口与回流劳动力两类人群在农产品和可交易产品生产和消费满足均衡时，则：

$$(\hat{\lambda}_f + \hat{\lambda}_t)(wL + \omega_k K + \omega_x X) + (\theta_f + \theta_t)\omega_r R = p_r^* Y_r + p_t^* Y_t + p_f^* Y_f$$

$$(6.22)$$

对 $\hat{\lambda}_f$ 和 $\hat{\lambda}_t$ 的定义类似于 $\hat{\lambda}_b$，是不同类型群体支出的加权平均。那么，非贸易部门就业人口和外出劳动力资源部门的对应关系是：

$$\frac{L_b}{L} = \frac{1}{\hat{\lambda}_b + (1-\alpha)(\hat{\lambda}_f + \hat{\lambda}_t)} \cdot \left\{ [\gamma(1-\alpha) - 1]\lambda_b \cdot \frac{R}{L} + 1 \right\}$$

$$+ \frac{\alpha - 1}{1 - \alpha(\hat{\lambda}_f + \hat{\lambda}_t)}(\theta_b - \hat{\lambda}_b)\frac{R}{L}$$

$$(6.23)$$

式（6.23）右边第一部分与基本模型类似，而第二部分 $\theta_b - \hat{\lambda}_b$ 体现了回流人口的收入开支比重与所有人的开支比重加权平均的差异性。若回流群体对该地区不可贸易品的偏爱程度大于当地人口的消费平均值，即 $\theta_b - \hat{\lambda}_b > 0$，此时一旦政府实施"偏向性政策"，那么任何形式人口回流（即 R/L 下降）对不可贸易部门就业人口比重 L_b/L 将产生扩大效应。因此，若这两组人群收入存在差距，地方政府的"城市偏向政策"将会迅速扩大城镇化比例，但若两组人群没有收入分配差距，地方政府的"城市偏向政策"本身对推动城镇化的作用是有限的。

第三节　劳动力跨部门匹配实验模拟

一、劳动力流动

固然制造业和服务业相对较高的生产率是引起落后地区农村劳动力向城市部门转移的重要驱动力（见图6.3）。然而，目前我国相关统计数据并没有区分可贸易服务业和不可贸易服务业，那么笼统地从不同产业产值占 GDP 的份额来分析结构转型和增长潜力就是值得商榷的。尤其在面对地区收入差距、人口管理及土地产权等制度的情形下，大量劳动力"摆钟"式流动对落后地区的城镇化和增长的影响十分复杂（见图6.4）。

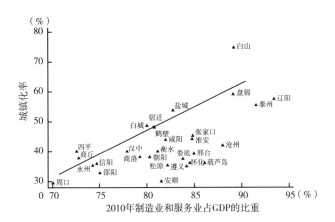

图6.3　落后地区制造业和服务业与城镇化的关系

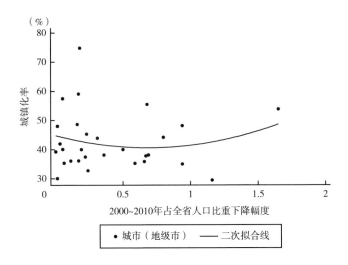

图6.4　人口流出与城镇化的关系

目前，我国转移劳动力流动与部门匹配的具体过程如下：

第1步，大量转移劳动力迁移到生产效率更高的大城市或东部产业集群密集的地区。由于公共产品短缺和拥堵压力等，这些城市会限制人口规模无序扩大。

……

第 k 步，没有获得城市稳定收入（定居）的劳动力向效用最大化的其他城市流动，不排除部分进城务工剩余农村劳动力继续回流农业部门并获得自给自足效应。

在第 k 步，落后地区转移劳动力流动以及不同生产部门匹配存在三种情形。

情形 1：顶部交易循环（Top Trading Cycles，TTC）。对流入发达城市的外出劳动力队伍序列而言，已经有稳定就业收入来源或固定住所、满足社保缴纳年限的排在序列顶部，能够优先获得该城市的准入资格；下一波具有优先权的人口获得城市的准入资格，如此反复循环，流动人口与不同城市形成一个闭环。

情形 2：延迟接受（Deferred Acceptance，DA）。转移人口对当地可贸易、不可贸易、农业、外出务工四类就业选择做出排序，工资最高的部门 a 吸引第一波转移劳动力，该竞争过程中被挤出的劳动力进入其他部门；随后，下一波转移劳动力迁入 a 部门，这一波和上一波劳动力一起竞争，以此不断循环。

情形 3：第一偏好优先（First preference First，FPF）。"城镇化政绩导向"或者集群政策向某生产部门倾斜，助长了迁移投机。风险偏好型转移人口在此过程中获益，而其他风险保守者则福利受损。地方政府不同的"城市偏向政策"会直接影响匹配结果，可能会出现双边匹配帕累托效率。

二、实验模拟设置

实验的目的在于检验三个问题。第一，比较经三种流动方式后不同部门的就业人口比例的差异。第二，讨论转移劳动力与四部门匹配纳什均衡问题。第三，分析"城市偏向政策"产生的可能结果。模拟过程采用 3×2 设计，并设置随机和固定的两种环境，对比 32 个不同类型的劳动力流动情形（见表6.1）。

表6.1　　　　　　　　　　　　实验对比设计

人口流动方式	环境	分组对象个数	总对象个数
FPF（d）	设定	32	64
DA（d）	设定	32	64
TTC（d）	设定	32	64
FPF（s）	随机	32	64
DA（s）	随机	32	64
TTC（s）	随机	32	64

32个转移劳动力依据其目前的技能禀赋，在不同部门间做出迁移抉择。先设初始处于劳动力资源部门（外出务工）r就业的10个转移劳动力编号为1~10，分别在信息、传统制造、物流和家政劳务业按2∶2∶2∶2的比例均匀分布；在不可贸易部门t就业的8个流动劳动力编号为11~18，分别在建筑、餐饮、零售和物流业按2∶2∶2∶2的比例就业；在可贸易部门b就业的8个流动劳动力编号为19~26，分别在文化、信息、传统制造和金融业按2∶2∶2∶2的比例均匀就业；在农业生产部门f就业的6个流动劳动力编号为27~32。设某i类产业中劳动力a在j部门获得总效用水平$U_i^a(j)$取决于公共产品、工资、城市成本（包含人口流动自由度）以及一些随机因素的影响，即：

$$U_i^a(j) = U_p^a(j) + U_w^a(j) + U_n^a(j) + U_s^a(j) \tag{6.24}$$

其中，$U_p^a(j)$表示劳动力a在j部门就业的公共产品方面的效用水平。比如，落后地区劳动力a在贸易品部门b就业获得公共产品的效用值$U_p^a(b)=10$或9，农业部门就业的公共产品效用值$U_p^a(f)=5$或0，如果外出务工的公共产品效用水平在很大程度上依赖于当地劳动力管理政策。

$U_w^a(j)$表示劳动力a在j部门的工资效用水平。比如，电子行业熟练技术工a转移到东部发达电子产业就业，其工资会大幅提升，其效用值

$U_w^a(r)=10$，而本地就业获得的效用值分别为 $U_w^a(t)=5$ 或 $U_w^a(b)=4$。

$U_n^a(j)$ 表示劳动力 a 在 j 部门就业的生活成本效用水平，在 $-10\leqslant U_n^a(j)\leqslant10$ 范围内变动。

$U_s^a(j)$ 表示劳动力 a 在 j 部门就业的随机效用水平，主要是外部的偶然性事件或土地制度引起的内心情节（$-5\leqslant U_s^a(j)\leqslant5$）。

依据上述原则，将所有 i 类产业劳动力 a 在 j 部门获得的总效用水平 $U_i^a(j)$ 的数值用类似货币收益数值列出，随机环境下，效用水平通过 Matlab 软件模拟生成，见表6.2。

表6.2　　　　　　　　　　转移劳动力效用值设定

流动劳动力编号	设定环境下的城市效用				随机环境下的城市效用			
	r	t	b	f	r	B	C	D
1	**28**	27	31	19	**28**	26	21	23
2	**27**	16	11	6	**18**	5	12	5
3	**17**	18	18	10	**6**	2	19	13
4	**17**	9	18	15	**16**	22	4	1
5	**12**	26	14	24	**18**	17	7	12
6	**23**	13	29	14	**11**	14	17	7
7	**12**	13	12	14	**14**	1	9	9
8	**29**	22	6	21	**23**	12	11	12
9	**15**	12	29	13	**21**	25	8	11
10	**21**	22	13	1	**13**	4	2	12
11	22	**25**	24	13	11	**14**	23	12
12	14	**21**	11	17	17	**19**	11	28
13	23	**12**	14	18	13	**21**	1	6
14	12	**19**	21	19	9	**10**	25	22

续表

流动劳动力编号	设定环境下的城市效用				随机环境下的城市效用			
	r	t	b	f	r	B	C	D
15	17	**24**	15	11	22	**24**	22	3
16	19	**10**	11	18	21	**22**	15	9
17	21	**18**	19	20	15	**9**	23	12
18	16	**2**	11	28	18	**15**	14	8
19	11	21	**6**	16	6	14	**23**	26
20	25	20	**11**	19	18	26	**8**	6
21	21	24	**8**	21	12	17	**33**	8
22	12	23	**18**	24	18	16	**14**	9
23	14	13	**7**	14	15	9	**13**	23
24	19	12	**8**	9	19	12	**18**	12
25	11	22	**19**	18	13	12	**8**	13
26	10	11	**25**	8	12	4	**6**	18
27	14	13	18	**9**	8	15	11	**22**
28	12	22	1	**17**	14	19	22	**31**
29	20	12	14	**7**	14	21	10	**5**
30	2	35	21	**17**	15	13	25	**22**
31	29	2	33	**16**	14	21	16	**10**
32	19	20	10	**22**	15	11	15	**17**

在表6.2中，有下划线的加粗的数值表示某劳动力在目前所在部门获得的总效用，而未加粗的数值表示转移到其他部门所获得的总效用。这就是实验模拟劳动力流动最重要的假设。例如，在表6.2中，编号1为熟练电子厂工人当前在东部城市电子厂务工，即就业于 r 部门，其总

效用值 $U_i^1(r) = 28$，其中 $U_p^1(r) = 5$，$U_w^1(r) = 10$，$U_n^1(r) = 10$，$U_s^1(r) = 3$，其面临三种机制中任何一种方式的流动选择：如果回流到户籍地区可贸易部门 t 就业，其总效用降为 27；如果在不可贸易部门 b 就业，其总效用升至 31；如果回流到农业部门 f，其总效用仅为 19。此外，该实验模拟还假设劳动力流动三种机制是一次性不完全信息博弈，且每个部门的就业容量有限，而每个转移劳动力知道其自身在不同部门就业的效用结构，但不清楚其他代理人的效用结构。

三、均衡问题

由于目前存在复杂的人口管理、土地制度及产业集群等"城市偏向政策"，本书试图采用转移劳动力与就业部门双边匹配思想来定义均衡。均衡状态是否存在的关键在于寻找双边市场匹配对的总数和最终配置结构中阻隔对（blocking pair）的数量。若 j 部门因其较高的生产率或者"城镇化政策偏向"激励 a 劳动力进入，且 a 劳动力也愿意进入，那么就称（j，a）为阻隔对；若不存在这样的阻隔对，那么城市与就业部门双边市场就处于稳定的纳什均衡状态，即人口流动均衡状态。我们的两类模拟实验设计都基于一次性博弈和不完全信息假设，这部分实施方案融合了陈和松梅兹（Chen and Sonmez，2006）的设计思路。实验模拟首先随机选择某一编号转移人口，以三种不同的流动机制来模拟人口迁移行为，直到完成对所有编号转移人口的模拟；重复该实验 1000 次，并记录不同的流动方式所构成的博弈的结果及其阻隔对，匹配过程出现 64000 个任务环节。令 $Y(m, n, l)$ 表示固定的参与者 n 在 m 环境第 l 次转移的效用收益结果（涵盖阻隔对数），那么平均效用收益的估计形式表示为：

$$\hat{\mu} = \frac{1}{64000} \sum_{m=1}^{2} \sum_{n=1}^{32} \sum_{l=1}^{1000} Y(m,n,l) \tag{6.25}$$

效用收益估计方差为：

$$\sigma^2 = \frac{1}{64000} \sum_{m=1}^{2} \sum_{n=1}^{32} \sum_{l=1}^{1000} \left[Y(m,n,l) - \hat{\mu} \right]^2 \qquad (6.26)$$

为了计算方差，将1000个混合组合分成两部分，每部分500次，即：

$$\phi = \frac{1}{32000} \sum_{m=1}^{2} \sum_{n=1}^{32} \sum_{l=1}^{500} \left[Y(m,n,l) - \hat{\mu} \right] \times \left[Y(i,j,l+500) - \hat{\mu} \right]$$

$$(6.27)$$

方差的近似结果为：

$$\text{var}(\hat{\mu}) \approx \frac{\sigma^2}{32 \times 1000 \times 2} + \frac{32\phi}{2} \qquad (6.28)$$

用 Matlab 软件模拟劳动力选择城市流动，分别经过 TTC、DA 及 FPF 的三种程序运行后的统计结果如表 6.3 所示。固定环境条件下，城市与人口匹配效率，$DA(d)$ 为三者中匹配效率最高的（$\hat{\mu} = 12.87$），出现最稳定的均衡结果，其次是 $TTC(d)$，再次是 $FPF(d)$。这说明，劳动力按 DA 机制跨部门流动，由于市场充分竞争保证了转移人口与四部门之间匹配结果很高的稳定性均衡，资源配置效率最高；FPF 流动机制表明"城市偏向政策"起到主导作用，人口跨部门流动的稳定性均衡难以保证；$TTC(d)$ 反映的是全国高技能转移劳动力与就业部门的匹配情况，由于人力资本不断积累会放大城市集聚收益与城市成本之间的平衡边界，人口转移达到稳定均衡相对困难。

表 6.3　　　　　　　　　　转移劳动力的平均效用估计结果

劳动力流动形式	均值 $\hat{\mu}$	方差 σ^2	协方差 ϕ	方差近似值 $\text{var}(\hat{\mu})$	标准偏误 ε
$FPF(d)$	11.43	0.121	0.001	0.028	0.132
$DA(d)$	12.87	0.409	0.001	0.013	0.105
$TTC(d)$	12.38	0.024	0.001	0.009	0.097
$FPF(s)$	13.88	0.109	0.003	0.003	0.062
$DA(s)$	13.91	0.234	0.024	0.025	0.183
$TTC(s)$	13.27	0.306	0.063	0.066	0.254

　　由表6.4可知,设定环境下,不可贸易品部门就业比明显高于随机环境结果。设定环境下,FPF(d)结果为:不可贸易品生产部门就业占比为58.23%,远高于设定环境DA(d)48.91%,也高于随机环境中FPF(s)不可贸易品部门的就业比(35.69%),这意味着“城市偏向政策”的确引起了流动人口策略性迁移,即政府产业政策及按某种优先顺序提供公共产品的方式助长了转移人口福利迁移行为,尽管它提升了不可贸易部门的就业率或城镇化率,但稳定性纳什均衡也无法达到。随机环境下,DA(s)和TTC(s)实际上模拟了劳动力市场竞争性淘汰过程,其占比分别是27.58%和30.04%,远高于FPF(s)的6.81%,这也表明了更激烈的竞争使得只有高技能劳动力能生存下来。

表6.4	转移人口与就业部门匹配结果统计			单位:%
流动方式	不同部门就业比			
	劳动力资源 r	不可贸易 b	贸易部门 t	农业部门 f
FPF(d)	11.19	58.23	11.49	19.09
DA(d)	19.72	48.91	17.80	13.57
TTC(d)	13.59	41.48	15.66	29.27
FPF(s)	6.81	33.60	21.97	37.62
DA(s)	27.58	41.31	14.85	16.26
TTC(s)	30.04	32.68	9.97	27.37

　　注:不同部门就业比=该部门就业人口/总劳动力。

　　上述结论认为,务工收入提高,贸易部门就业人口(特别是高技能劳动力)转移到发达地区就业,而“城市偏向政策”引起了低技能劳动力回流,加剧了就业人口分布于不可贸易部门的趋势。这些模拟结果静态地估计了城市化率能够快速提高的现象,但尚未对其长期增长进行深入讨论,以下将试图用内生增长函数来描述可贸易部门生产率长期增长:

$$\frac{\dot{A}_i}{A_t} = g\left(\frac{L_t}{L}\right)^\phi \qquad (6.29)$$

其中，g 是可贸易部门生产率，随可贸易部门就业人口比 L_t/L 变化而调整，参数 ϕ 代表可贸易部门劳动力规模对生产率提高的影响因子。该函数与卢卡斯（2009）所使用的增长模型相似。模拟假设两个地区的可贸易部门的占比都非常小，且初始潜在的增长率相同。存在大量外出务工的地区的初始就业人口集中于非贸易品生产部门，相对城镇化率较高，而另一个没有外出务工人口的地区的 L_t/L 会变大，劳动力优势会凸显出来，如图 6.5 所示。

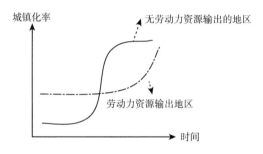

图 6.5　不同地区的城镇化趋势

劳动力资源输出的地区在开始时有较高水平的城镇化发展，但这种"消费性城市"的城镇化模式不会伴随着可贸易部门生产率快速增长。随着时间的推移，无劳动力资源输出地区的可贸易产品部门的占比增大，会引起可贸易部门生产率迅速增长。模拟结果表明，无劳动力资源输出的地区中期城镇化率超过劳动力资源输出的地区，最终可贸易部门增长率也会迅速提高。

第四节　小　　结

本书首次构建了四部门结构转型理论框架，论述落后地区非典型的城镇化模式，从能够观察到的数据以及实验经济学模拟转移劳动力跨部门流动匹配情况，得出以下启示：第一，城镇化与制造业（或可贸易服务业）的占比是否具有相关性是有条件的，尽管城镇化的动力因地区而异，但人均收入和城镇化之间的相关性却基本相同。第二，在目前人口和土地制度给定的条件下，不存在劳动力外流对落后地区城镇化产生整体负面作用的情况。第三，"城市偏向政策"提高落后地区城镇化率的效果因收入差距而放大。

然而，这些"城市偏向政策"加剧了不可贸易服务业部门的就业人口比重增加的趋势，所形成的"消费性城市"在集聚经济、贸易竞争及人力资本激励等方面处于劣势，使得非贸易部门（相对于贸易部门）的长期生产率增长缓慢，最终与"生产性城市"的生产率之间的差距进一步拉大。尽管"消费性城市"不可贸易部门也经历了一定的内生增长，但很难在总体上改变这种被超越的格局。原因在于其产品不可贸易的性质，难以实现与贸易部门生产率相同的增幅，而不可贸易部门生产率的增加直接转变成不可贸易品价格下降，结果可能导致落后地区过早地终止城镇化，甚至在未来某个时期重现一波人口向大城市集中的可能。在理论上，也可以设想"消费性城市"经过一段时间努力转型为"生产性城市"，但其途径可能是将劳动力资源部门租金用于投资，而不是消费。私人和公共投资可以增加贸易部门生产率，并改变落后地区的比较优势。但问题是，这些城市需要多少时间才能成为"生产性城市"，约束这些城市发展的是什么，等等。这些是值得进一步讨论的问题。

此外，社会距离会导致地理分割式城市均衡。城市由近距离互动活动形成的知识外溢促进了集聚经济外部规模经济。这些交互活动包含了大量非市场化的因素，如乡土情怀、同群效应、族群交往。高工资激励不一定导致跨城市空间的有效率产业分布。即使迁入城市共址活动收益激励非常强烈，若农村剩余劳动力有强烈的乡土情怀和族群思想而不愿意转移，那么原专业化城市仍然维持以前的均衡状态。每个人都处于社会网络中，流动人口依据城市中心到外围物理空间的通勤成本和社会网络交互活动频率而做出迁移决策，导致社会距离引起地理分割式纳什均衡城市状态。

　　尽管国外双边市场匹配和实验经济学理论在择校匹配、劳动力就业分配和肾脏移植捐献等领域有很多重要结论及成功的市场设计经验，但用实验经济学模拟的方法研究目前劳动力转移和生产部门匹配及结构转型在国内还是第一次。国内市场匹配相关领域的研究较为薄弱，应在劳动力流动偏好效用假设和"城市偏向政策"导向性细节方面进行更进一步的探讨。此外，我们的实验设计仅仅采用计算机程序简单模拟行为选择，创造更加合理、逼真的实验环境并融合产业结构动态变迁内容是未来进一步研究的方向。

第七章 城市网络、生产结构及区域发展

　　中国城市产出部分来源于城市关系网络经济租，该非市场化机制产生了由人流、物流和资本流所组成的更加复杂的城市网络形态。因此，本书尝试构造新的城市引力模型并结合社会网络分析方法，讨论了城市网络可贸易与不可贸易生产部门结构调整与区域发展态势的关系。生产部门结构等变量被导入经典引力模型，并形成方向关系数据，然后由泊松分布的极大似然估计对该模型进行拟合与推断。实证结果显示，修正的城市引力模型能有效地分析中国城市网络引力流量分布及区域收敛问题。而且，城市可贸易部门份额占比越高，其引力流量增加越快，且这种态势随时间的积累而更加明显；城市网络经济租增加了城市不可贸易部门的规模，城市生产率水平提升速度相对慢于其他可贸易部门份额较大的城市，结果阻碍了区域的收敛性。

第一节 城市网络与生产部门现状及问题

　　中国城市产出有一种重要非市场来源——城市关系网络经济租。例如，优质公共资源聚集为层级更高的大城市带来了额外的资本流和人流；反之，若其限制城市规模，也能减少非市场化的产出。很多欠发达城市的可贸易生产部门逐渐萎缩，却获得了区域协调政策支持（如财政转移支付、产业园区扶持和基础设施建设倾斜等）以及外出务工劳动等

所带来的收入，结果使得以不可贸易生产部门份额扩大为特征的城镇化也在欠发达地区加速推进。也就是说，不仅是可贸易产品价值链使城市之间竞合关系变得紧密，城市关系网络经济租也在改变城市生产部门的相对结构，从而改变区域经济发展态势。在我国，城市关联性已经超出新经济地理或空间计量上所谓的"冰山成本"或"邻近距离"研究范畴，并呈现出人流、物流和资本流之间互动的复杂网络结构形态。基于此，本书尝试构造全新的城市网络引力流量模型，并使用社会网络方法重新审视中国城市网络关联性，尤其考察不同地区可贸易部门与不可贸易部门非对称变化对区域收敛产生的影响。

　　不同地区可贸易部门和不可贸易部门生产率非对称变化引起区域收敛减缓，甚至发展差距扩大。发达地区可贸易品生产部门的份额相对较高，且其生产率相对不可贸易部门提升更快（Samuelson，1964；Balassa，1964），不仅吸引当地其他部门的劳动力，也吸引欠发达地区很多高技能人口流入，导致落后地区可贸易部门逐渐萎缩。此外，农民工外出务工抑或回流当地就业，务工盈余收入形成恩格尔消费周期现象，增加对户籍地零售、房产及其他服务等不可贸易品的需求。另外，地方政府也竭尽所能推动人口城镇化，从而进一步放大了欠发达地区不可贸易品生产部门的就业比例。欠发达地区可贸易部门不断萎缩，而不可贸易部门却呈现扩大态势，这会造成区域平衡发展的一个不利结果，即不可贸易部门生产率提高相对缓慢，导致欠发达地区追赶发达地区的难度进一步加大（Gollin et al.，2016；胡尊国等，2017）。为了破解区域经济发展不均衡难题，一系列自上而下的区域平衡发展政策被推出，开始是大西部开发，接着是东北振兴和中部崛起等战略。目前正在深入推进的城镇化也存在明显的行政偏向（魏后凯，2014a，2014b；魏守华等，2020）。城市规模与地方政府存在显著联系，比如很多欠发达地区推出各种城镇化政策，极力吸引人口流入，导致其不可贸易部门的就业比重呈现扩大态势，而北京等一些超大城市则采取各种措施（如减少土地供应）以限制城市规模。综上所述，可贸易产品区际贸易一体化以及城市关系网络经济租均改变了各地区的生产部门结构，从而影响区域发展的收敛特征。

　　区际贸易和城市经济租效应使得我国城市关系逐渐呈现多方向的复杂网络结构形态。然而，目前基于城市网络特征，并以生产部门结构调整为视角来讨论区域发展问题的文献很少。大量关于区域经济发展收敛和空间关联问题的研究主要围绕要素流动（潘文卿，2012）、政府角色（魏后凯，2014a，2014b；魏守华等，2020）、集聚经济（陆铭等，2011），甚至互联网对企业"集聚逆转"效应（安同良，2020）。当然，也不乏一些研究讨论可贸易和不可贸易部门就业、产品价格与地区生产率之间的紧密联系（Gollin et al.，2016；Feenstra et al.，2017）。不可贸易产品价格通常决定于本地市场，但是有些不可贸易部门生产率的提高却引起其产品价格下降，这种价格下降机制显然不同于规模效应引发的不可贸易品价格下降（Feenstra et al.，2017；李兵等，2019）。赵进文等（2014）曾引入巴拉萨—萨缪尔森效应假说，解释了可贸易品和不可贸易品的相对价格波动对不同地区所造成的实际有效汇率波动，这对研究区域发展的收敛性具有重要的启示作用。贸易自由化能使可贸易部门产品价格传导至不可贸易部门（亢宇君等，2019；Dix-Carneiro et al. 2019）。何冰等（2019）的研究结果也显示，国际贸易自由化会挤出一部分可贸易和不可贸易部门中的正规就业，且贸易自由化对不可贸易部门非正规就业的正向影响要大于可贸易部门。这些类似的研究在区际贸易研究中也取得了较大进展，比如邵朝对等（2018）实证检验了我国各地经济发展周期的联动性与国内价值链贸易紧密联系，他们认为价值链网络分工是我国东部与中西部内外空间特征差异的重要原因。唐保庆等（2018）使用服务业占比和增加值等指标分析了我国服务业发展呈现以"东强西弱"为特征的区域失衡现象变得越来越严重。实际上，他们论述服务业差距日渐增大主要指的是不同地区可贸易服务业的差距不断扩大。

　　考虑到目前既有的城镇化特征和城市关系网络经济租背景，仅仅从要素自由流动等传统理论视角难以完全解释我国区域经济社会现象。本书尝试构建了一个基于城市网络引力流量的统计模型，以刻画区域生产部门结构特征及收敛态势，使其分析结果更加客观和精准。目前学术界通常采用贸易质量和贸易强度等指标来衡量两地区可贸易部门产品贸易情况，这类属性数据仅能描述城市生产部门结构的某个侧面。若要求更全面地分析地区间错综复杂的人流、物流和资本流网络结构，那么运用关系数据来代替属性数据无疑是一种很好的选择（Fagiolo et al.，2009）。但其带来了另一难题，即以"关联性"和"方向性"为特征的关系数据与计量理论中独立性假设相违背。幸运的是，社会网络分析有关统计方法能够有效克服上述困难。泰洛普（Taylorp，2010）和法焦洛格（Fagiolog，2010）等对国际贸易和金融关系网络图拓扑推断的研究给学术界带来很多启示，尤其是系数估计和关系网络参数推断（如点度中心度或中介中心度等）已经得到各界的认可。近年来，有关社会经济网络结构对未观察到的个体异质性及网络流量建模的相关研究取得了很大进展。

鉴于此，我们的研究做出了如下边际贡献：

一方面，与传统引力模型围绕人口规模或人均 GDP 为核心有所区别，我们将引力参数进行了新的修订，而且将贸易部门与不可贸易部门比率等新变量引入基准引力模型，形成了有方向的城市网络引力流量。这一新的统计模型处理方式不仅有利于进一步开展城市网络经济租研究，而且在某种程度上突破了空间计量理论中"邻近"假设的局限，并弥补了传统数据只有"数量属性"而没有"方向属性"的缺陷。经由极大似然估计及牛顿－拉夫森（Newton-Raphson）衍生的迭代加权最小二乘法对其进行拟合校验，证明了该城市关系网络引力流量模型及其方法对分析我国城市结构变化及区域收敛态势是有效的。之前，李敬等（2014）曾使用社会网络分析并结合 VAR 格兰杰因果推断省级空间外溢效应。该方法类似于沃瑟曼等（Wasserman et al.，1994）和斯考特（Scott，2017）的网络图统计，不过其对滞后阶数选取和空间链路动态变化的处理比较模糊，且无法解释影响部门调整与区域发展之间的经济学含义。本书量化城市网络链路起始点和终点的流量，并进行引力模型修正的研究思路受到了法焦洛格（Fagiolog，2010）和科拉齐斯基等（Kolaczyk et al.，2014）有关国家贸易网络建模思想，以及刘华军等（2015）利用引力模型揭示我国能源消费空间聚类方式的启发。

另一方面，实证结果表明，从其他城市流入城市的引力流量与该城市就业结构（可贸易与不可贸易部门就业比率）紧密相连，且呈现随时间积累而明显增大的态势。这意味着，相比于欠发达城市，可贸易部门份额更高的发达城市的网络引力流量流入增长更快；此外，两城市人均GDP比率随其就业结构比率（即本城市两部门就业比/其他城市两部门就业比）的提高而提高。因此，城市网络经济租可以增加城市的网络引力流量以及不可贸易部门规模，并使其在城市就业结构中的份额增大，但由于其产品的不可贸易性，城市生产率总体水平提升的速度相对慢于其他可贸易部门份额较大的城市，结果降低了区域发展的收敛速度；由于不可贸易部门生产率的提高会引发一些不可贸易部门产品价格降低，即不可贸易部门生产率价格乘数变化是不确定的，那么落后地区仅仅依靠提升不可贸易部门生产率水平以扩大城市就业规模的努力，其作用是有限的。

接下来，我们将具体论述构建城市部门结构调整模型并提出理论命题，以及城市关系网络矩阵指标的构建和建模过程，并进一步检验模型与估计结果。

第二节　城市生产部门结构的基准理论

本理论模型构造部门借鉴了歌林等（Gollin et al.，2016）有关农业部门、可贸易品部门和不可贸易品三部门均衡的思想。他们的研究核心是分析资源出口型国家城市化过程中所呈现的"荷兰病"问题。然而，本书所构建的一般均衡模型聚焦于城市的两个生产部门（可贸易部门和不可贸易部门）的结构调整及其区域增长问题。更重要的是，考虑到我国独特的城镇化背景和区域发展政策，我们在模型中引入了城市关系网络经济租，比如行政层级高或经济规模更大的城市往往集中了更多公共资源，因此吸引人口流、物流和资本流所产生的收入明显超过市场竞争所得，而欠发达城市经济租来源于国家区域政策支持，比如财政转移支付和基础设施建设贷款倾斜等。显然，这些城市网络经济租直接与城市网络引力流量变化紧密相连，进而影响城市生产部门的调整及其就业结构。城市部门的两类产出可划分为：（1）不可贸易产品，如私人服务等行业产品，其不能在全国市场交易，其价格 p_u 由当地局部市场内生性决定。由于不可贸易部门产品具有不可贸易性，其生产率难以获得与可贸易部门相同程度的提高。（2）可贸易产品，如工业品和可贸易服务，其能在全国市场交易并形成竞争性价格 p_k^*，引发不同城市可贸易部门复杂的竞争和合作。

假设居民对数线性效用 u 源于两类产品消费：不可贸易产品 c_u 和可贸易产品 c_k，结合 Stone-Geary 函数思想，那么居民效用可表示为：

$$u = \lambda_k \ln c_k + \lambda_u \ln c_u \tag{7.1}$$

效用函数权重 λ_k、λ_u 取值为 0 ~ 1，满足 $\lambda_k + \lambda_u = 1$，且效用函数是位似的。不同于其他产业结构变迁模型，这里所构的城市两部门结构调整模型不用假设需求非位似性，但其结论与非位似性是一致的。城市两部门产出函数分别表示为：

$$Y_k = A_k L_k^{1-\alpha} \tag{7.2}$$

$$Y_u = A_u L_u^{1-\alpha} \tag{7.3}$$

其中，A_k、A_u 分别表示可贸易和不可贸易部门的生产率水平，L_k、L_u 分别表示可贸易部门劳动力和不可贸易部门劳动力在城市所有劳动人口中所占的比例，且 $L_k + L_u = 1$。α 在不同部门生产函数中是相同的。该函数表明，城市两部门生产活动中劳动力边际产出递减。进一步而言，可贸易部门产品价格 p_k^* 由区际贸易一体化市场中竞争机制决定，而不可贸易品价格 p_u 由当地市场内生性决定，且居民收入 q 满足的支出关系是：

$$p_k^* c_k + p_u c_u = q \qquad (7.4)$$

基于我国当前城市化和区域平衡发展的背景,本理论模型考虑了城市产出的另一种重要来源——城市关系网络经济租(R),其主要特征是非市场的,例如行政级别高的城市的教育、医疗等公共资源为其带来额外的资本流和人口流,提高了其非竞争性产出水平;尽管欠发达城市中人口等要素流失,但其获得了财政转移支付、产业园区政策扶持以及基础设施建设照顾等区域平衡政策支持所带来非市场的额外产出。由于满足对数线性效用,所以其效用函数权重 λ_k、λ_u 应分别等于不同部门产品支出占总支出的比重,若 θ 是城市关系网络经济租效应在不同部门的分配系数,那么两部门应该分别满足:

$$\lambda_u q = \theta R + p_u Y_u \qquad (7.5)$$

$$\lambda_k q = (1 - \theta) R + p_k^* Y_k \qquad (7.6)$$

由于劳动人口在不同部门之间可以自由流动,处于均衡状态时部门间工资率相等,对式(7.2)和式(7.3)求偏导后,满足:

$$p_k^* A_k L_k^{-\alpha} = p_u A_u L_u^{-\alpha} \qquad (7.7)$$

结合式(7.5)、式(7.6)和式(7.7),可以推出:

$$L_u^{1-\alpha} = \frac{\left[(1-\theta)\lambda_u - \theta\lambda_k\right] \cdot R}{P_u A_u \left[1 - \lambda_u \left(P_k^* A_k / P_u A_u\right)^{\frac{1}{\alpha}}\right]} \qquad (7.8)$$

$$L_k^{1-\alpha} = \frac{\left[(1-\theta)\lambda_u - \theta\lambda_k\right] \cdot R}{P_k^* A_k \left[\left(P_u A_u / P_k^* A_k\right)^{\frac{1}{\alpha}} - \lambda_u\right]} \qquad (7.9)$$

令 $\rho = (1-\theta)\lambda_u - \theta\lambda_k$ 表示对不同部门产品消费的组合,并假设其保持不变;又令 $\tau = P_k^* A_k / P_u A_u$ 表示两部门生产率价格乘数比率,即可贸易部门与不可贸易部门生产率价格乘数相除。故式(7.8)和式(7.9)可改写为:

$$L_u = \left[\frac{\rho R}{P_u A_u (1 - \lambda_u \tau^{1/\alpha})}\right]^{1/1-\alpha} \qquad (7.10)$$

$$L_k = \left\{ \frac{\rho R}{P_k^* A_k \left[(1/\tau)^{1/\alpha} - \lambda_u \right]} \right\}^{1/1-\alpha} \tag{7.11}$$

通过式（7.10）和式（7.11），可以得到以下结果：

（1）$\dfrac{\partial L_u}{\partial R} > 0$，$\dfrac{\partial L_u}{\partial \tau} > 0$，$\dfrac{\partial L_u}{\partial (P_u A_u)} > 0$

（2）当 $(1/\tau)^{1/\alpha} - \lambda_u > 0$ 时，$\dfrac{\partial L_k}{\partial \tau} > 0$，$\dfrac{\partial L_k}{\partial (P_k^* A_k)} < 0$，$\dfrac{\partial L_k}{\partial R} > 0$

由此可以得出：

第一，城市部门就业结构调整取决于城市网络经济租（R）、生产率价格乘数（$P_k^* A_k$ 或 $P_u A_u$），以及两部门生产率价格乘数比率（τ）；城市不可贸易部门就业份额（L_u）随着经济租（R）、不可贸易部门生产率价格乘数（$P_u A_u$）的增大而提高。

第二，落后地区仅仅依靠提升不可贸易部门生产率水平 A_u 来扩大城市就业规模的努力，其作用是有限的。这是由于欠发达城市不可贸易部门份额较高，其生产率水平 A_u 提高会引起 P_u 降低，那么 $P_u A_u$ 对 L_u 的影响是不确定的。

第三，R、τ、$P_k^* A_k$ 对可贸易部门就业份额 L_k 的影响是不确定的，依赖于城市原有禀赋特征，即当 $(1/\tau)^{1/\alpha} - \lambda_u > 0$ 或 $(1/\tau)^{1/\alpha} - \lambda_u < 0$ 时，R、τ、$P_k^* A_k$ 变动对 L_u 调整的影响是不同的。这进一步说明，可贸易部门变化态势涉及集聚经济、区域贸易发展和城市关系网络经济租等问题，呈现复杂的网络结构。

第三节　城市关系网络引力流量实证分析

一、引力流量统计的构建与变量说明

城市间错综的贸易网络、交通网络以及人与人之间的互动形成了复杂的城市关系网络流量（flow）链路。城市关系网络流量是由人流、物流和资本流所组成的一种综合形式，因而，使用引力模型分析这种城市关系网络流量变动和空间关联结构的演变趋势具有合理性。借鉴科拉齐斯基等（Kolaczy et al.，2014）、塞姆等（Sem et al.，1995）以及刘华军等（2015）的引力模型的处理方式，并基于前面所述的基础理论，本书认为影响城市关系网络引力流量的因素来源于城市生产率价格乘数 π、城市规模 Q、城市距离 d，以及贸易部门与不可贸易部门[①]就业比率 l，那么城市关系网络中 j 城市到 i 城市的引力流量表示为：

$$f_{ij} = \sigma_{ij}\frac{(l_iQ_i\pi_i)^{1/2} \cdot (l_jQ_j\pi_j)^{1/2}}{d_{ij}^2}, \sigma_{ij} = \frac{\pi_i}{\pi_i + \pi_j} \qquad (7.12)$$

其中，Q_i、Q_j 分别代表 i 城市和 j 城市的规模，用城市人口数量表示；π_i、π_j 分别代表 i 城市和 j 城市生产率价格乘数，用其城市人均GDP 替代；d_{ij} 代表城市 i 与城市 j 之间的地理距离，用百度地图数据中城市之间高速实际公路距离测算；σ_{ij} 表示城市网络关系引力系数，衡量 i 城市在两城市关系引力流量 f_{ij} 的贡献程度，而 σ_{ji} 表示城市 j 在两城市间引力流的 f_{ji} 的贡献程度；考虑有向关系网络数据的可获得性以及计算的复杂性，本书关于我国城市网络关系的讨论选取了 39 个不同层级和区域的代表性城市[②]。通过对这 39 个城市 2003 年、2011 年和 2018 年城市关系网络引力流量数据（每年 1482 个引力流量数据）进行统计和建模，探索最新的城市空间网络关联以及部门结构调整规律。测算城市网络引力流量所需的基本数据来源于《中国统计年鉴》和《中国城市

---

① 限于就业数据的可获得性，我们依据城市统计年鉴原则，将可贸易部门划分为：采掘业，制造业，信息传输、计算机服务和软件业，金融保险业，地质勘察、水利管理业，交通运输、仓储和邮电业，科研和综合技术服务业，文化、体育和娱乐业，居民服务和其他服务业；不可贸易部门划分为：批发和零售贸易业；住宿和餐饮业，房地产业，租赁和商业服务业，教育、文化、广播影视业，社会服务及公共管理等。

② 39 个代表性城市包括：北京、邢台、长治、赤峰、阜新、四平、齐齐哈尔、上海、盐城、宿迁、杭州、丽水、淮南、莆田、萍乡、菏泽、郑州、开封、武汉、黄石、长沙、衡阳、永州、广州、韶关、深圳、汕头、南宁、钦州、成都、泸州、遵义、昆明、昭通、西安、渭南、兰州、天水、西宁。

统计年鉴》，经过复杂的关系网络数据（Network Data）技术处理，表 7.1 展示了本书实证过程所需要的其他指标及其构造说明①。

表 7.1　　　　　　　　　　相关变量的说明

变量名称	变量简写	构造方法
i 城市就业结构	$lnemployment\_i$	i 城市可贸易与不可贸易部门的就业之比
j 城市就业结构	$lnemployment\_j$	j 城市可贸易与不可贸易部门的就业之比
i 城市规模	$lncitysize\_i$	i 城市辖区人口数量
j 城市规模	$lncitysize\_j$	j 城市辖区人口数量
两城市就业结构比率	$lnemployment\_ij$	i 城市就业结构/j 城市就业结构
两城市距离	$lndistance\_ij$	百度地图显示的 i 城市与 j 城市之间高速公路距离
两城市人均 GDP 比率	$lngdp\_ij$	i 城市人均 GDP/j 城市人均 GDP
j 城市流入到 i 城市的引力流量	lnf_{ij}	$f_{ij} = \sigma_{ij} \dfrac{(l_i Q_i \pi_i)^{1/2} \cdot (l_j Q_j \pi_j)^{1/2}}{d_{ij}^2}$

二、城市网络引力流量及其结构图

城市关系网络引力流量处理是网络分析的核心工作。在其相关网络拓扑结构的建模和预测中，我们借鉴了科拉齐斯基等（Kolaczy et al.，2014）的网络数据统计分析思想。但与其有所不同的是，我们构造的城市引力流量模型考虑了城市关系网络经济租特征并增加了引力系数 σ。随后，我们对流量数据经过伪计数处理，使其更满足独立的泊松分布特点，且优化了牛顿 – 拉夫森（Newton-Raphson）算法。这里记 $G = (V, E)$ 表示一个城市关系网络图，由于城市引力流量从起始点到终止点具有

① 因篇幅限制，这些指标的基本统计结果并未一一列出。若有需要，可向作者索要有关结果。

方向性，所以 G 是一个有向图（Milo et al.，2002），图 G 边也称为链路。我们所关注的是某节点 i 到另一节点 j 的城市网络引力流量 f_{ij} 组成的起止矩阵 $F = [f_{ij}]$，此时 F 也称为引力流量矩阵（traffic matrix）。城市关系网络图中有向边的权重赋值处理方式为：将每个 f_{ij} 乘以 5，再除以 $F = [f_{ij}]$ 中的最小值。由于选取 39 个不同层级城市节点，即每年有 $39 \times 38 = 1482$ 个城市网络引力流量数据。这些城市引力流量网络关系的可视化图如图 7.1、图 7.2 和图 7.3 所示。图中城市网络节点的圆形面积反映该城市总引力流量规模，圆形图中白色部分表示引力流入规模，灰色部分则表示引力流出规模，链路宽度反映了从起点到终点的流量。

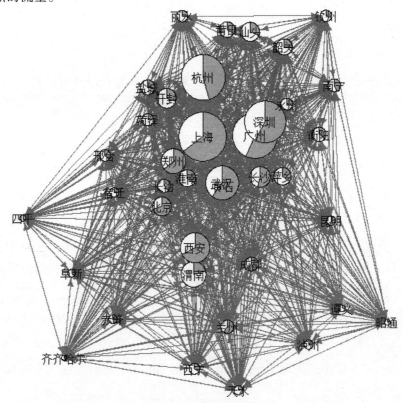

图7.1　城市关系网络引力流量可视化图（2003 年）

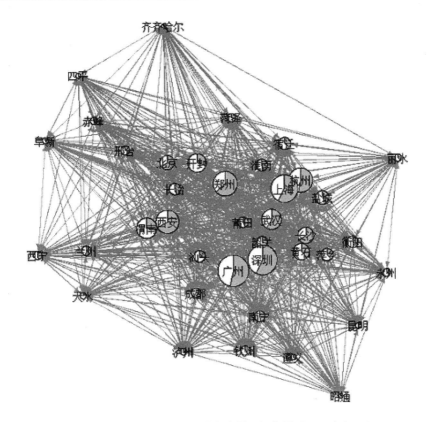

图 7.2 城市关系网络引力流量可视化图（2011 年）

图 7.1、图 7.2 和图 7.3 显示的是所选取城市在 2003 年、2011 年和 2018 年的城市网络关系引力流量变化。从城市网络节点圆形面积来看，深圳、广州、上海、杭州、西安、郑州和长沙等中心城市引力流量规模很大，而广大中西部城市和其他地级市引力流量规模很小，且流出的相对比例较高。而在这些引力流量规模较大城市中，深圳的流量规模一直非常大，杭州流入与流出的相对比例从小变大，庞大的流量规模和经济活跃度极为抢眼，与其近十年来数字经济迅速发展十分吻合；广州流入与流出的相对比例有所减少，与传统产业转型升级幅度较大以及"腾笼换鸟"产业调整有较大关系，但其引力流量总规模仍然很大。尽管郑州作为国家中心城市，其引力流量规模较大，但其流入和流出的相对比例

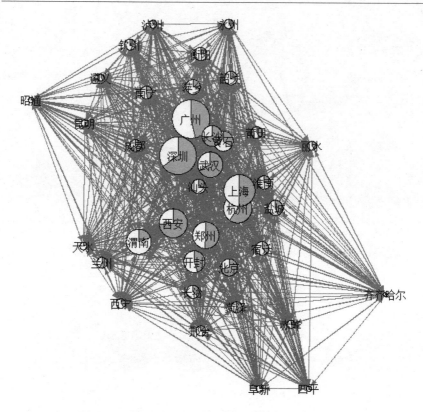

图 7.3　城市关系网络引力流量可视化图（2018 年）

呈现先增长后放缓的过程。近年来，上海引力流入与流出的相对比例有所下降。北京的引力流量规模并没有预想中那么大，其中一个重要原因是央企总部或机关公共管理部门等不可贸易就业相对比例高，而此处这里关于不可贸易部门统计数据归类存在一定的模糊性。

第四节　城市关系网络引力流量模型检验与修正

　　尽管我们用式（7.12）获得的城市引力流量来解释我国城市发展现象的吻合程度较高，但不同于牛顿万有引力定律广泛的可接受度，目前本引力模型形式f_{ij}仍需要更多的理论和经验检验支撑。进一步而言，我们采取独立泊松分布的极大似然方法对其展开进一步检验与修正，给出了四个核心变量之间的散点图及其拟合结果，如图7.4、图7.5和图7.6所示（这些图的坐标轴均为双对数坐标，对角线上显示了各自的密度）。

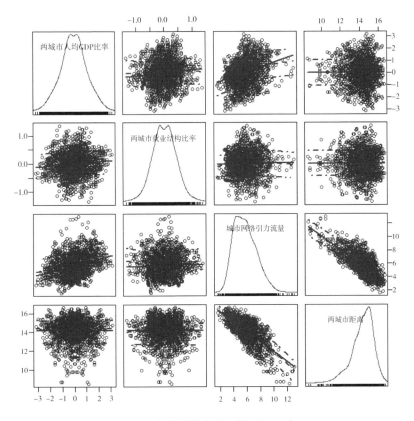

图7.4 各变量散点图矩阵（2003年）

通过对这三幅散点图矩阵的观察可以发现，两城市人均GDP比率（即i城市人均GDP比/j城市人均GDP）与城市关系网络流量及两城市就业结构比率（即i城市两部门就业比/j城市两部门就业比）存在相关关系，而且两城市就业结构比率与两城市人均GDP比率之间的正相关关系在2018年的数据中变得非常明显。两城市就业结构比率提高，那么这两个城市的人均GDP差距将变得更大，即可贸易部分和不可贸易部门

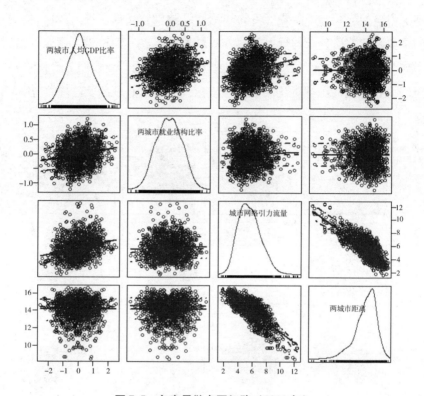

图 7.5　各变量散点图矩阵（2011 年）

的相对调整日渐成为影响区域发展收敛的一个重要因素。中西部欠发达城市可利用城市网络租扩大城市规模，但其可贸易部门比例相对较高，其增速难以与可贸易部门以同等速度提高，这直接导致区域收敛放缓。两城市之间的距离与其人均 GDP 比率没有关联性，但是与城市关系网络流量紧密相关。

　　为了进一步量化并修正引力模型。接下来我们使用极大似然方法推断引力模型。该似然估计方法使用了牛顿－拉夫森算法所衍生的迭代加权最小二乘法，其思路与逻辑回归类似。将城市网络引力流 f_{ij} 设定计数形式，且具有独立的泊松分布，其均值函数形式满足：

$$\mu_{ij} = E(f_{ij}) = m_D(\phi_{ij}) m_S(c_{ij}) \tag{7.13}$$

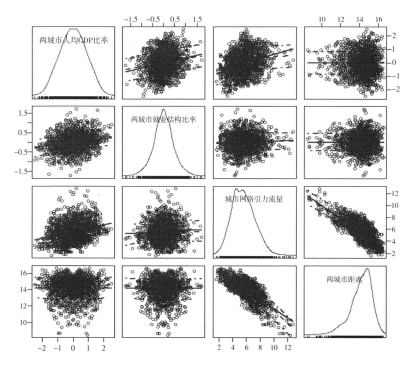

图 7.6　各变量散点图矩阵（2018 年）

那么，具有泊松分布的基准对数线性模型可表示为：

$$\ln f_{ij} = \alpha_0 + \alpha_1 \ln m_D(\phi_{ij}) + \alpha_2 \ln m_S(c_{ij}) \qquad (7.14)$$

其中，$m_D(\phi_{ij})$ 表示是 i 城市和 j 城市经济变量相对值的函数，比如两城市人均 GDP 比率 $m_1(\phi_{ij})$ 以及两城市就业结构比率 $m_2(\phi_{ij})$，向量 c_{ij} 代表了两者关系的分离属性，比如距离或成本等；为了进一步突出城市空间网络的关联特征和城市经济租问题，在检验城市引力流量过程中，需要进行一般化处理，包括起点和终点效应的独立性假定。广义线性模型可表示为如下形式：

$$\ln \mu_{ij} = \ln h(i) + \ln h(j) + \beta_1 \ln m_1(\phi_{ij}) + \beta_2 \ln m_2(\phi_{ij}) + \beta_3 \ln m_S(c_{ij})$$

$$(7.15)$$

其中，$h(i)$ 和 $h(j)$ 分别是 i 城市和 j 城市的经济变量属性，在实证检验过程中采用取对数等参数化处理方法。由于 f_{ij} 为独立泊松分布变量，其均值 $\mu_{ij} = E(f_{ij})$，因而最大似然估计推断最为合理。根据泊松分布和极大似然估计等基本思路并考虑与 μ 有关泊松似然对数形式，得到：

$$\eta(\mu) = \sum_{i,j \in l \times l} f_{ij} \ln\mu_{ij} - \mu_{ij} \tag{7.16}$$

将式（7.16）代入式（7.15），对参数 $h(i)$、$h(j)$、β_1、β_2 和 β_3 取偏导数，令表达式为 0，可得到这些参数的极大似然估计值，那么：

$$\hat{\mu}_{ij} = \ln\hat{h}(i) \cdot \ln\hat{h}(j) \exp\left[\hat{\beta}_1 \ln m_1(\phi_{ij}) + \hat{\beta}_2 \ln m_2(\phi_{ij}) + \hat{\beta}_3 \ln m_S(c_{ij})\right] \tag{7.17}$$

根据科拉齐斯基（Kolaczy，2014）的研究结论，在非极端条件下，$\hat{\mu}_{ij}$、$\hat{\beta}_1$、$\hat{\beta}_2$ 和 $\hat{\beta}_3$ 估计效果很好，且具有唯一值。尽管 $\ln\hat{h}(i)$ 和 $\ln\hat{h}(j)$ 有可能出现过度参数化现象，并产生多余自由度，但是本模型的极大似然估计思路使用了牛顿－拉夫森算法衍生出的迭代加权最小二乘法（与逻辑回归类似），所以 $\ln\hat{h}(i)$ 和 $\ln\hat{h}(j)$ 过度参数化问题并不会导致核心结论的改变。此外，本对数线性模型有向关系数据的运用，以及在 R 语言扩展包 glm 函数里牛顿－拉夫森算法衍生出的迭代加权最小二乘法的使用，这些处理在很大程度上克服了内生性和多重共线性问题。两地人均 GDP 比率均值 $\kappa_{ij} = E(gdp\_ij)$ 也用类似原理进行估计。它们相应的拟合估计结合如表 7.2 和表 7.3 所示。

表 7.2　　　　　城市网络引力流量广义线性模型结果

解释变量	$\ln \mu_{ij}$		
	（2003）	（2011）	（2018）
C	2.585 *** (17.866)	2.529 *** (16.638)	2.506 *** (16.191)
lnemployment_i	0.061 *** (3.534)	0.093 *** (3.567)	0.094 ** (3.035)
lnemployment_j	0.051 ** (2.948)	0.068 ** (2.576)	0.075 * (2.439)

解释变量	$\ln \mu_{ij}$		
	（2003）	（2011）	（2018）
$\ln citysize\_i$	0.144 *** (11.007)	0.134 *** (10.033)	0.151 *** (10.555)
$\ln citysize\_j$	0.092 *** (7.544)	0.101 *** (7.764)	0.086 *** (6.321)
$\ln gdp\_ij$	0.019 *** (3.909)	0.030 ** (3.068)	0.028 ** (2.753)
$\ln distance\_ij$	-0.161 *** (-20.552)	-0.164 *** (-20.847)	-0.163 *** (-20.640)
自由度	1481		

注：***、**、*和.分别代表在0.1%、1%、5%和10%水平上显著。括号内为 z 值。表中的列（2003）、列（2011）及列（2018）分别表示2003年、2011年及2018年截面各泊松分布广义线性估计结果。

表 7.3　　　城市网络两城市人均 GDP 比率广义线性模型结果

解释变量	$\ln \kappa_{ij}$		
	（2003）	（2011）	（2018）
C	1.272 *** (5.985)	1.009 *** (4.509)	1.156 *** (5.225)
$\ln citysize\_i$	0.117 *** (9.160)	0.097 *** (6.933)	0.118 *** (8.496)
$\ln citysize\_j$	-0.126 *** (-9.168)	-0.101 *** (-6.928)	-0.127 *** (-8.596)
$\ln employment\_ij$	0.062 * (2.274)	0.098 ** (3.148)	0.068 * (2.435)
$\ln distance\_ij$	0.001 (0.151)	0.001 (0.111)	0.0004 (0.042)
自由度	1481		

注：***、**、*和.分别代表在0.1%、1%、5%和10%水平上显著。括号内为 z 值。表中的列（2003）、列（2011）及列（2018）分别表示2003年、2011年及2018年截面各泊松分布广义线性估计结果。

　　表 7.2 的实证结果表明，关于不同年份引力流量均值 μ_{ij} 广义线性模型估计中，城市规模、两地距离和城市就业结构等相关解释变量的系数都非常显著，当 i 城市可贸易与不可贸易部门就业之比（即 i 城市就业结构，$\mathrm{ln}employment\_i$）提高时，j 城市流入 i 城市的引力流量均值会增加。尽管当 j 城市可贸易与不可贸易部门就业之比提高时，j 城市流入 i 城市的引力流量均值也会增加，但是其相对增加幅度小很多，即 2003年、2011 年和 2018 年 i 城市可贸易与不可贸易部门就业之比系数分别为 0.061、0.093 和 0.094，而 j 城市可贸易与不可贸易部门就业之比系数分别为 0.051、0.068 和 0.075。但是，它们存在一个共同的特征，即随时间积累，可贸易与不可贸易部门就业之比（即城市就业结构）对城市引力流量的贡献有明显增大的态势。也就是说，可贸易部门占比更高的发达城市在网络中引力流量增长相对更快，而且近年来这种现象有加速趋势。

　　表 7.3 中两城市人均 GDP 比率均值拟合结果也表明，在三个解释变量中，城市之间的距离并不显著，而城市关系网络流量和两城市就业结构比率系数显著为正。不同年份中，模型里两城市就业结构比率系数分别为 0.062、0.098 和 0.068，这直接支持了可贸易部门份额更大的城市，其生产率增长更快的结论。对于不可贸易部门份额较高的欠发达城市而言，有两个可推断的结果。一方面，城市关系网络经济租可以增加不可贸易部门的规模，使不可贸易部门在城市就业结构中的份额增大。由于其产品的不可贸易性，城市总生产率水平提升相对慢于其他可贸易部门份额较大的城市，结果降低了区域的收敛速度。另一方面，由于不可贸易部门生产率的提高会引发一些不可贸易部门价格降低，那么落后地区仅仅依靠提升不可贸易部门生产率水平以扩大城市就业规模的努力，其作用是有限的。

第五节　结论与启示

基于中国新型城镇化和区域协调发展政策所带来的人流、物流和资本流之间的互动网络形态，构造城市网络引力流量模型，并使用社会网络方法考察中国同区域、不同层级城市网络引力流量以及其他有向关系数据进行建模，结果发现：

第一，本书构造了富有中国城市化特色[①]城市网络引力流量统计模型，并证明了用这一新的城市引力公式分析城市网络关联性和流量态势是有效的。与传统引力模型围绕人口规模或人均 GDP 为核心有所区别，我们将贸易部门与不可贸易部门比率和引力系数等新变量引入新引力流量公式，并利用有向关系数据建立广义线性模型进行拟合，模型估计系数非常显著，而且模型相对误差也在合理水平。

第二，中国经济发达城市的可贸易部门的份额不断提高，欠发达地区不可贸易部门的份额也不断提高，这种生产部门相对调整是直接导致区域收敛过程放缓的重要原因。相对于欠发达城市，发达城市可贸易部门的份额更高，其城市网络引力流量流入增长更快，且生产率提升更高，近年来这种现象有加速的趋势。本书有较为充分的理论和实证统计表明从其他地方流入城市的引力流量与其城市可贸易与不可贸易部门就业比率紧密相连，基于 2003 年、2011 年和 2018 年相关数据的广义线性模型，估计其系数分别为 0.061、0.093 和 0.094，呈现随时间积累而明显增大的态势。落后地区仅仅依靠提升不可贸易部门生产率水平以扩大城市就业规模的努力，其作用可能是有限的。

近些年，中国快速推进的城市化引起了城市网络之间复杂的人力、

---

①　此处的中国城市化特色即书中所提及的"城镇化"。通常，将在工业化的冲击下国外农业人口转移到城市的过程称为"城市化"。考虑到我国的国情，一般使用"城镇化"代替"城市化"，有的研究也称之为"中国特色的城市化"。

物流和资本流变化。城市网络经济租衍生出空间关联性已经超出新经济地理或空间计量分析上所谓的"邻近"范畴,那么使用构建新城市网络引力模型处理有向流量以及优化相关算法对研究"我们生活的平等和高质量的城市"有重要意义,为区域政策协调政策的实施和未来智慧城市协同发展提供了理论基础。尽管我们选取了 39 个代表性城市作为样本,其关联网络的连通效果比较好,但是并没有使用海量数据网络图的统计,比如包括点度中心度、中介中心度、接近中心度,而这些都是未来重要的研究方向。

第八章　结论及展望

　　目前，中国专业化程度较高的并非发达的东部城市，而是经济欠发达的中西部城市，大多数区域中心城市产业属于协同集聚情形。随着地方政府人口迁移政策和产业集群策略的调整，行业不完全集聚或多产业集群共址活动也会发生较大变化。本书尝试探讨在这种协同集聚情形下，劳动力与城市匹配的规律。产业协同集聚情形下，由于转移劳动人口增加对城市不同行业生产率的冲击是不对称的，从而引起行业劳动工资率不对称变化，结果形成转移劳动力流向选择性。随着城市规模扩大，集聚经济和选择效应相互强化，在很大程度上影响均衡城市规模效率及结构，最终城镇化结果也将发生重大变化。一般而言，发达大城市主导产业集群从业者的收入水平不仅高于其他城市同类行业从业者的收入水平，而且还高于该城市平均收入水平，这将诱导人口流动的偏向性。此外，公共资源的过度集中加剧了经济主体偏向性选址行为。尽管专业化集聚和多样化集聚对提高中国城镇化率具有很强的促进作用，但中国城市规模扩张却往往在很大程度上取决于产业协同集聚状况。从目前的观测数据来看，尚没有充分证据说明专业化集聚与城市规模之间存在正相关性关系；从长期趋势来看，城镇化的最终结果不会出现完全单产业专业化城市，同时也不可能出现完全多样化城市。

　　本书首次采用中国城市与人口双边匹配思想来讨论城镇化，尤其针对人口流动、产业协同集聚与城镇化等问题开展了探索性的讨论。面对在该研究过程中所遇到的一系列数据、理论及技术等难题，我们大胆地借鉴了国外学术前沿研究思想。例如，由于获取人口流动数据的局限性，尝试采用实验经济学方法预测不同技能人口流动对城市结构或城镇化的影响，构建匹配计量方法以克服选择与集聚内生性难题。借助于这些方法，得出了一些传统模型无法推测的结果。主要研究结论如下：

第一，基于城市产业协同集聚的普遍性，对中国城市经济和城镇化问题进行了全新的探索，对人口自由流动自然会形成最优均衡城市规模和最优就业结构的传统观点提出质疑。尤其需要指出的是，中国地方政府以产业集群为导向的城镇化政策加剧引发了"二元悖论"，即城市纳什均衡规模与最优就业结构难以同时达到。由于协同集聚条件下存在所谓的同行业效应，即某类型劳动力迁入数量增加对城市本行业生产率的外部效应大于其他行业，而生产率提高更快的产业集群以更高的收入吸引更多的该技能类型的劳动人口，从而导致该产业集群人口规模会不断扩大。另外，地方政府必然对具有更高生产率的优势产业集群进行补助和扶持，吸引更多同类型劳动人口迁入以推动城镇化，进而加剧了经济主体固有的"多数追逐"行为，最终引起纳什均衡城市规模过于庞大，但是并没有达到社会就业效用帕累托最优结构（若保持最优就业结构，却不能维持人口流动纳什均衡状态）。

第二，集聚经济并非大城市具有更高生产率优势的唯一原因，选择效应也有力地解释了中国城市生产率差异的现象。由于同行业效应和优势资源（基础设施、医疗和教育等）过度集中，高技能禀赋的人才选择向大城市聚集，引发更激烈的竞争，共址活动中低生产率的参与者惨遭淘汰，结果使得大城市行业平均生产率更高。这样一来，保证了该城市居民的高收入，结果能够吸引更多的优秀人才，强化了集聚经济，进而直接放大了选择效应对城市生产率差距的影响。若仅仅考虑选择效应的一个方面，即竞争选择，而忽视迁移选择，那么全国均衡城市规模分布都呈现均匀状态；若只有迁移选择，而没有竞争选择，那么任何城市的生产率都是完全相同的，但是这两种情况都与中国的现实不相符。事实上，受教育程度或技能水平越高的转移人口在集聚规模经济中获益更多，优秀人才将大城市作为首要迁移目的地是一种必然选择。随着城市人力资本累积程度增加，集聚规模将进一步扩大。

第三，产业协同集聚下，同行业效应和选择效应极大地影响了城市规模。任何经济主体都希望置身于某特有类型产业集群的城市，以满足其产品/就业需求，比如金融人才偏好到众多金融机构集聚的城市就业，影视传媒从业者的迁移首选之地往往是文化影视产业发达的城市（如北京），这样才能满足其特殊需求。目前，在中国城镇化背景下，这种"多数追逐"现象比比皆是。由于同行业劳动力增加对本产业生产率更大的提升作用，转移劳动人口迁移到产业优势明显的城市，而这些城市的主导产业往往与其技能结构是同类的，结果使得城市规模不断扩大。选择效应也会影响城市规模。大城市之所以吸引了大量优秀人才或更具有生产力企业家，是因为这些转移人口本身也会受益于城市集聚经济中更"厚"的就业市场及更大程度的知识外溢，他们会获得更高的收入和更优质的生活。同时，企业利润伴随着城市集聚程度的增加而增加，进一步吸引未来可能成为企业家的优秀人才选择迁移到大城市。从某种意义上来说，当集聚效应收益与城市集聚成本差距很小时，优秀人才或高技能劳动力迁移选择引起生产效率的微小差异可能导致城市人口急剧变化，并直接决定最优城市规模。由于选择效应在集聚经济和城市成本之间发挥巨大作用，高技能人才在某种意义上决定了城市规模。只要全国优秀人才向资源中心城市流动，那么其规模就会加倍扩大，并且在集聚收益与成本差距不断收窄的情形下，中国城市规模分布满足齐夫法则只是时间问题。用传统计量模型评估诸如投资环境"集群租"及其他"城市租"因素所引起的选择效应结果是不准确的。

第四，中国大城市的高技能和低技能两种极端劳动力的互补性逐渐增强，凸显出一种高低技能劳动力典型分群现象，而且特大城市与中等技能劳动力匹配价值并没有像传统研究指出的那么重要。若大城市一定要控制城市人口规模，那么不断完善劳动力市场并引导中等技能而非低技能劳动人口向中小城市有序合理转移是城镇化最低机会成本的途径之一。中国城市人口流动自由度与产业集群战略差异形成城市与转移人口之间独特的双边匹配市场。高技能转移人口向大城市迁移的选择倾向越来越明显。他们转移到发达城市带来了更高的城市生产效率，同时创造了新的城市匹配租。得益于高技能人才在大城市集聚，低技能劳动力在不可贸易的服务行业会获得大量的工作机会，如保姆、保洁工、出租车司机、快递配送员等职业。相对于低技能劳动力而言，中等技能劳动力确实有更大的集聚影响力、更高的人均产出，然而这是由于同行业效应和选择效应引发中等技能劳动者选择本来就具有内在潜在优势的城市。在很大程度上，这是他们选择城市的结果，而非本身的更强的集聚经济影响力。

第五，目前我国逐渐呈现劳动力回流到中西部地区的趋势。尽管这些落后地区的城镇化率迅速提高，但是其主要原因是不可贸易服务业部门就业比重迅速扩大所致。由于该部门产品不可贸易的性质，难以以与发达地区贸易部门生产率相同的速度提高，而不可贸易部门生产率的提高直接转变成不可贸易品价格下降，从而这种城镇化模式对区域经济收敛的作用并不明显，城镇化率提高并没有完全改变城乡及区域收入差距扩大的趋势。由于既定收入差距存在，"城市偏向政策"具有很强的城镇化扩大效应并加速落后地区"消费性城市"的出现，而规模更大的发达中心城市将走向"生产性城市"的道路。本书构建了农业、可贸易、不可贸易及劳动力资源四部门均衡模型，讨论这种由恩格尔消费周期收入效应和相对生产率替代效应驱动落后地区结构转型的现象。劳动力跨部门匹配均衡分析以及实验经济学模拟方法证实了上述观点。

多产业协同集聚情形下，转移劳动力迁入对城市本产业或其他产业生产率的非对称性影响确实存在，而人口自由流动所形成的均衡城市规模与社会帕累托最优就业效应结构存在"二元悖论"，即达到纳什均衡城市时，社会就业效用没有达到最优，但城市规模却出现了过度膨胀。因此，地方政府有必要制定相应的土地、财税和金融政策以有序引导城镇化，甚至有必要对转移人口流动偏向性采取激励政策。也就是说，如果对城市产业发展进行了干预，那么实施人口迁移管理政策具有一定的合理性，原因在于：一方面，地方政府利用融资平台，以未来的收入对进行产业集群进行补贴，那么人口自由流动所形成的均衡城市规模可能大于或小于帕累托最优情形是存在，而且这部分新增加城市人口在获得集聚外部正效应同时，将大部分负外部效应留给社会，形成了转移人口收益和负担不对等，加剧了社会不平等。因此，参与产业集群制定的地方政府有必要通过金融、财税、土地等措施，将集聚外部性问题内部化，以有序推动城镇化，甚至设置某种人口流动自由度或实施劳动人口迁移激励政策也是十分必要的。另一方面，任何经济主体都希望置身于同行业产业集群主导的城市，即城市管理者应该意识到经济个体"多数追逐"这一现象，从城市未来增长和生产率提高长远规划出发，城市建设理念应该具有前瞻性。值得指出的是，最优效率城市形成需要政府的力量，让城市发展的节奏和人口规模剧烈变化在一定范围内得到控制，避免出现城市人口的"马尔萨斯现象"。具体的政策建议如下：

首先，对挂拍的土地、住房及基础设施等耐用品实施审慎有效的管理。由于城市基础设施和房地产投资沉淀资本的体量相当庞大，政府土地出让规划或者开发商进行房地产开发都是基于城市未来的增长和生产率提高的前瞻性规划。这些城市耐用品本身具有巨大的沉淀成本，直接影响城市经济参与者的理性决策，可以有效地缓解城市集聚引发的人口规模的剧烈波动。

其次，实施金融、财政政策，将集聚外部性问题内部化，借助融资平台平滑政府收入流。地方政府利用融资平台，借未来的收入对产业集群进行补贴，或提供公共产品以吸引新的转移人口。如此，在城市发展期间，既平滑了政府实际收入，也平滑了住房价格，能有力地把控城市发展的实际节奏。最终使城市逐渐地增长到固定规模，而不是瞬间跳跃到固定的规模，避免农村剩余人口流动引起城市规模出现突增或突减等巨大的波动。

再次，有必要限制特大城市规模的无序扩大。在调整特大城市人口规模的众多措施中，大力促进中等技能劳动人口更高效匹配是施政的很重要的目标。城市与人口双边选择是中国城镇化过程中独特的双边匹配市场。相对于中等技能劳动力，高技能劳动力和低技能劳动力对大城市效率提升的作用更为明显，创造了更大的匹配租且呈现不断加强的趋势。促进中等技能劳动力转移到中小城市，有助于提高全社会就业结构和福利水平，而特大城市与中等技能劳动力匹配价值并没有传统研究结论指出的那么重要。此外，有必要实施偏向中西部地区的财税政策，以诱导人口向其流动。

最后，避免落后地区城镇化后陷入"消费性城市"的困境。值得注意的是，中国区域及城乡收入差距随城镇化率的提高反而扩大，其主要原因是落后地区大量外出务工劳动人口回流后，主要集中在当地不可贸易服务业部门就业。而这种部门的产品/服务不可贸易的性质，即使劳动人口要素完全流动，也无法获得与发达城市贸易部门生产率相同程度的提高。不可贸易部门生产率的提高直接转变成不可贸易品价格下降，制造业（或可贸易服务业）比重难以提高，从而城镇化对经济收敛的作用并不明显。

本研究的局限性

在目前的城市经济问题学术研究中，城市规模效率是最棘手的课题之一，涉及城市规模的合理性、城市生产率差异的动因，以及城市规模合理分布等。这些问题的讨论涉及城市经济两个极其重要的内生性分析——集聚效应和选择效应。目前，研究的主要困难是如何从实证上区分两种效应在城市效率方面的相互作用。双边选择情形下的集聚影响力与城市效率属于内生性问题，多维统计数据中无法观测其变量内在特征。误差项与转移劳动力特征相关，而且相对于转移劳动力特征，真实情况估计系数也是有偏误的。例如，自身具有潜在优势（或高城市租激励）的城市（数据没有观测到）与高等技能转移劳动力匹配，那么误差项就一定与高等技能劳动力特征正相关。相对于中等技能和低技能劳动力集聚的影响力，高技能劳动力对城市效率的影响力真实估计系数也会偏大，因为城市本来就具有潜在优势，而并非高技能劳动力的影响力提高了城市生产率，这仅仅是选择行为而已。

通常，解决内生性问题的通用做法是采用工具变量，选择的工具变量与城市效率相互独立，但是与异质性劳动力特征相关。不幸的是，在市场因素和行政因素的双重影响下，找到这个工具变量是十分困难的。在某些情况下，城市与异质性劳动力的匹配由它们之间的相互抉择决定，价格机制甚至会失灵。为了克服这种缺失的工具困难，本书采用了一种新的结构计量模型，将利用双边选择现象与劳动人口集聚影响力加以区分。双边匹配过程的劳动力选择性转移决策会依赖于其他代理人的特征。而选择性转移的结果独立于其他代理人特征，例如当市场高技能劳动力增多时，在城市容量约束情形下，既有的劳动力就有可能与潜在优势不良的城市匹配。其他转移代理人特征属于是一种外生变量，其与工具变量类似。我们的结构模型就是用来区别集聚影响力和双边选择，而很多国外文献也都利用这种方法讨论外生变量问题。

尽管在有些情况下采用匹配方法处理内生性问题的效果优于概率模型和传统的计量问题，但是人口与城市匹配模型也存在内在制约和不足。第一，静态稳定均衡模型，没有把握市场的动态特征。第二，假设信息完全，如匹配过程中高技能转移人口一定选择资源集中的优质城市，城市明确偏爱这些优秀人才。第三，由于计算的复杂性，不得不在估计模型的具体细节方面做出一定的妥协，没有匹配结构化计量模型的固定效应、随机效应和总体误差项。值得注意的是，基于匹配思想的新的结构化计量模型分析结果需要进一步完善，因为它没有将匹配价值数量最大化。这种效率损失的根源是假设匹配双边参与者效用不可转移。若效用能实现完全转移，则市场均衡结果能满足匹配价值最大化的条件，但缺点是不方便处理似然函数。尽管在具体分析过程中可以估计潜在匹配价值的提升，但不太可能精准测量效率的高低。因为分析双边市场的效率讨论效用是否可转移问题是非常关键的，本研究匹配模型假设前提就是效率并非最优，而不是估计结果。假设效用不可转移需要提出一个市场失灵模型进行分析，尽管匹配价值并非完全真实无误，转移人口与城市匹配模型足以认为双边选择过程中良好的近似。

展望未来

转移人口等要素向城市空间集聚是规模经济的重要来源。这种集聚效应得到了学术界的广泛关注，但是城市与人口双边匹配所形成的城市生产率差距是城市经济问题研究"悬而未决"的谜题。尤其是当政府在城镇化过程中扮演积极角色时，需要对选择效应引起产业结构调整，以及人口迁移引发城市最优规模及就业结构变化进行进一步的深入探索。本研究基于城市与人口双边匹配思想构建的计量分析结果需要进一步完善，因为它没有将匹配价值数量最大化。这种效率损失的根源是假设匹配双边参与者效用不可转移。若效用能实现完全转移，则市场均衡结果能满足匹配价值最大化的条件，但缺点是不方便处理似然函数。若建立双边效用可转移的城市与人口匹配模型，且能利用似然函数对异质性劳动力流动与城市双边选择进行计量分析，那将是非常有意义和具有创造性的工作，这会极大地改变我们对传统城市经济问题的讨论范式。此外，市场效率没有达到帕累托最优假设并非扭曲编造，不断完善双边匹配实证模型具有广阔的应用前景。它极有利于深入研究代理人影响力与相互选择并存的市场，不仅仅是劳动力市场上雇主与雇员匹配，在其他领域也被广泛运用，比如风险资本与创业公司匹配、信贷双边匹配、招生学校与学生匹配等，而这些市场往往是生活中大量存在的代理人影响力与选择并存的市场。实验经济学模拟劳动人口流动的数值假设选取方法还不够完善，如果能用大型计算机云处理和大平台生成数据，那会使研究结果更加具有可信度。此外，目前学术界尚没有选取产业协同集聚指标的合理标准。如果能有效控制选择效应对传统数据无法观测的变量进行回归，也是非常有必要的工作，尤其是城市人文宜居环境、城市公共服务差异、落户就业政策等度量指标的选取都是城镇化研究亟须重点突破的。

参 考 文 献

［1］安同良，杨晨．互联网重塑中国经济地理格局：微观机制与宏观效应［J］．经济研究，2020（2）：1-16.

［2］薄文广．外部性与产业增长——来自中国省级面板数据的研究［J］．中国工业经济，2007（1）：39-46.

［3］白重恩，杜颖娟，陶志刚，仝月婷．地方保护主义及产业地区集中度的决定因素和变动趋势［J］．经济研究，2004（4）：29-40.

［4］蔡昉．中国劳动力市场发育与就业变化［J］．经济研究，2007（7）：4-14.

［5］蔡昉．城市化与农民工的贡献——后危机时期中国经济增长潜力的思考［J］．中国人口科学，2010（1）：2-10.

［6］陈钊，陆铭．首位城市该多大？——国家规模、全球化和城市化的影响［J］．学术月刊，2014（5）：5-16.

［7］陈良文，杨开忠，沈体雁，王伟．经济集聚密度与劳动生产率差异——基于北京市微观数据的实证研究［J］．经济学（季刊），2009，8（1）：99-114.

［8］都阳，蔡昉．延续中国奇迹：从户籍制度改革中收获红利［J］．经济研究，2014，49（8）：4-13，78.

［9］邓曲恒，古斯塔夫森．中国的永久移民［J］．经济研究，2007（4）：137-148.

［10］豆建民，汪增洋．经济集聚、产业结构与城市土地产出率——基于我国234个地级城市1999-2006年面板数据的实证研究

[J]．财经研究，2010，36（10）：26 - 36.

[11] 丁守海．劳动剩余条件下的供给不足与工资上涨——基于家庭分工的视角 [J]．中国社会科学，2011，(5)：4 - 21.

[12] 范剑勇．产业集聚与地区间劳动生产率差异 [J]．中国经济学前沿，2007 (3)：72 - 81.

[13] 范剑勇，莫家伟．地方债务、土地市场与地区工业增长 [J]．经济研究，2014，49 (1)：41 - 55.

[14] 顾乃华．城市化与服务业发展：基于省市制度互动视角的研究 [J]．世界经济，2011 (1)：126 - 142.

[15] 胡尊国，王耀中，尹国君．劳动力流动、协同集聚与城市结构匹配 [J]．财经研究，2015，41 (12)：26 - 39.

[16] 胡尊国，王耀中，尹国君．落后地区的城镇化与工业化——基于劳动力匹配视角 [J]．经济评论，2016 (2)：98 - 111.

[17] 胡尊国，王耀中，尹国君．选择、集聚与城市生产率差异 [J]．经济评论，2017 (2)：3 - 16.

[18] 韩峰，洪联英，文映．生产性服务业集聚推进城市化了吗? [J]．数量经济技术经济研究，2014 (12)：3 - 21.

[19] 何冰，周申．贸易自由化与就业调整空间差异：中国地级市的经验证据 [J]．世界经济，2019 (6)：119 - 142.

[20] 简新华，黄锟．中国城镇化水平和速度的实证分析与前景预测 [J]．经济研究，2010 (3)：28 - 39.

[21] 金煜，陈钊，陆铭．中国的地区工业集聚：经济地理、新经济地理与经济政策 [J]．经济研究，2006 (4)：79 - 89.

[22] 柯善咨，赵曜．产业结构、城市规模与中国城市生产率 [J]．经济研究，2014 (4)：76 - 88.

[23] 陆铭，向宽虎，陈钊．中国的城市化和城市体系调整：基于文献的评论 [J]．世界经济，2011 (6)：3 - 25.

[24] 陆铭，高虹，佐藤宏．城市规模与包容性就业 [J]．中国社

会科学, 2012 (10): 47 - 66.

[25] 陆铭, 陈钊. 在集聚中走向平衡: 城乡和区域协调发展的"第三条道路" [J]. 世界经济, 2008, 31 (8): 57 - 61.

[26] 雷潇雨, 龚六堂. 基于土地出让的工业化与城镇化 [J]. 管理世界, 2014 (9): 29 - 41.

[27] 刘航, 孙早. 城镇化动因扭曲与制造业产能过剩——基于2001—2012 年中国省级面板数据的经验分析 [J]. 中国工业经济, 2014 (11): 5 - 17.

[28] 林毅夫, 陈斌开. 发展战略、产业结构与收入分配 [J]. 经济学 (季刊), 2013, 12 (4): 1109 - 1140.

[29] 李强, 陈宇琳, 刘精明. 中国城镇化"推进模式"研究 [J]. 中国社会科学, 2012 (7): 82 - 100.

[30] 李实. 中国个人收入分配研究回顾与展望 [J]. 经济学 (季刊), 2003, 2 (2): 379 - 404.

[31] 李金滟, 宋德勇. 专业化、多样化与城市集聚经济——基于中国地级单位面板数据的实证研究 [J]. 管理世界, 2008 (2): 25 - 34.

[32] 李兵, 郭冬梅, 刘思勤. 城市规模、人口结构与不可贸易品多样性——基于"大众点评网"的大数据分析 [J]. 经济研究, 2019, 54 (1): 150 - 164.

[33] 刘学军, 赵耀辉. 劳动力流动对城市劳动力市场的影响 [J]. 经济学 (季刊), 2009, 8 (2): 693 - 710.

[34] 李敬, 陈澍. 中国区域经济增长的空间关联及其解释——基于网络分析方法 [J]. 经济研究, 2014, 49 (11): 4 - 16.

[35] 梁琦, 钱学锋. 外部性与集聚: 一个文献综述 [J]. 世界经济, 2007 (2): 84 - 96.

[36] 梁琦, 丁树, 王如玉. 总部集聚与工厂选址 [J]. 经济学 (季刊), 2012, 11 (2): 1137 - 1166.

[37] 梁琦，吴俊. 财政转移与产业集聚 [J]. 经济学（季刊），2008，7（3）：1247 – 1270.

[38] 梁琦，李晓萍，简泽. 异质性企业的空间选择与地区生产率差距研究 [J]. 统计研究，2013，30（6）：51 – 57.

[39] 路江涌，陶志刚. 我国制造业区域集聚程度决定因素的研究 [J]. 经济学（季刊），2007，6（3）：801 – 816.

[40] 陆铭，向宽虎，陈钊. 中国的城市化和城市体系调整：基于文献的评论 [J]. 世界经济，2011，34（6）：3 – 25.

[41] 刘华军，刘传明，孙亚男. 中国能源消费的空间关联网络结构特征及其效应研究 [J]. 中国工业经济，2015（5）：83 – 95.

[42] 潘文卿. 中国的区域关联与经济增长的空间溢出效应 [J]. 经济研究，2012，47（1）：54 – 65.

[43] 孙晓华，郭玉娇. 产业集聚提高了城市生产率吗？——城市规模视角下的门限回归分析 [J]. 财经研究，2013（2）：103 – 112.

[44] 唐保庆，邱斌，孙少勤. 中国服务业增长的区域失衡研究——知识产权保护实际强度与最适强度偏离度的视角 [J]. 经济研究，2018，53（8）：147 – 162.

[45] 万广华，城镇化与不均等：分析方法和中国案例 [J]. 经济研究，2013（5）：73 – 86.

[46] 王小鲁. 中国城市化路径与城市规模的经济学分析 [J]. 经济研究，2010（10）：20 – 32.

[47] 王曦，陈中飞. 中国城镇化水平的决定因素：基于国际经验 [J]. 世界经济，2015（6）：167 – 192.

[48] 魏后凯. 中国城镇化进程中两极化倾向与规模格局重构 [J]. 中国工业经济，2014（3）：18 – 30.

[49] 魏后凯. 中国城市行政等级与规模增长 [J]. 城市与环境研究，2014，1（1）：4 – 17.

[50] 魏守华，杨阳，陈珑隆. 城市等级、人口增长差异与城镇体

系演变 [J]. 中国工业经济, 2020 (7): 5 - 23.

[51] 肖金成. 中国特色城镇化道路与农民工问题 [J]. 发展研究, 2009 (5): 32 - 34.

[52] 许政, 陈钊, 陆铭. 中国城市体系的"中心—外围模式" [J]. 世界经济, 2010 (7): 144 - 160.

[53] 余壮雄, 杨扬. 大城市的生产率优势: 集聚与选择 [J]. 世界经济, 2014 (10): 31 - 51.

[54] 余珮, 孙永平. 集聚效应对跨国公司在华区位选择的影响 [J]. 经济研究, 2011 (1): 71 - 82.

[55] 周靖祥. 中国区域城镇化差异及成因群释 [J]. 数量经济技术经济研究, 2015 (6): 56 - 72.

[56] 张俊妮, 陈玉宇. 产业集聚、所有制结构与外商投资企业的区位选择 [J]. 经济学 (季刊), 2006, 5 (4): 1091 - 1108.

[57] 郑江淮, 高彦彦, 胡小文. 企业"扎堆"、技术升级与经济绩效——开发区集聚效应的实证分析 [J]. 经济研究, 2008 (5): 33 - 46.

[58] 张涛, 李波, 邓彬彬. 中国城市规模分布的实证研究 [J]. 西部金融, 2007 (10): 5 - 9.

[59] 邵朝对, 李坤望, 苏丹妮. 国内价值链与区域经济周期协同: 来自中国的经验证据 [J]. 经济研究, 2018, 53 (3): 187 - 201.

[60] 赵进文, 苏明政. 劳动力市场分割、金融一体化与巴拉萨—萨缪尔森效应——基于省际面板平滑转换模型的检验 [J]. 金融研究, 2014 (1): 16 - 28.

[61] 钟宁桦. 农村工业化还能走多远?——基于乡镇企业缩小城乡收入差距的实证研究 [J]. 经济研究, 2011 (1): 18 - 27.

[62] Abdulkadiroglu, Atila, Tayfun Sonmez. School Choice: A Mechanism Design Approach [J]. American Economic Review, 2003, 93 (3): 729 - 747.

[63] Antonio Ciccone, Robert E. Hall. Productivity, the Density of Economic Activity [J]. The American Economic Review, 1996, 86 (1): 54 – 70.

[64] Autor, D. H., Levy, F., Murname, R. J. Computer-based technological change and skill demands: Reconciling the prespectives of economists and sociologists [J]. In E. Appelbaum, A. Bernhardt, & R. J. Murnane (Eds.), Low Wage America, 2003: 121 – 154.

[65] Alex Anas, Kai Xiong. Intercity trade and the industrial diversification ofcities [J]. Journal of Urban Eonomics, 2003 (54): 258 – 276.

[66] Anas. Vanishing cities: what does the new economic geography imply about the efficiency of urbanization? [M]. Oxford University Press, 2004.

[67] Abdel-Rahman, Hesham. When Do Cities Specialize in Production? [J]. Regional Science and Urban Economics, 1996 (26): 1 – 22.

[68] Abdel-Rahman, Ping Wang. Toward a general-equilibrium theory of a core-periphery system of cities [J]. Regional Science and Urban Economics, 1995 (25): 529 – 546.

[69] Abdel-Rahman, Hesham, Alex Anas. Theories of Systems of Cities [J]. In Handbook of Urban and Regional Economics. North Holland, 2004: 2293 – 2340.

[70] Abdel-Rahman, Hesham, Masahisa Fujita. Sharable Inputs, Product Variety, and City size [J]. Journal of Regional Science, 1990 (30): 359 – 374.

[71] Abdel-Rahman, H. M., Fujita, M. Specialization and Diversification in a System of Cities [J]. Journal of Urban Economics, 1993, 33 (2): 159 – 184.

[72] A. Manning. We Can Work It Out: THe Impact of Technological Change on the Demand for Low-Skill Workers [J]. Journal of Political Economy, 2004, 51 (7): 581 – 608.

[73] Au, Chun-Chung, J. Vernon Henderson. How Migration Restrictions Limit Agglomeration and Productivity in China [J]. Journal of Development Economics, 2006 (80): 350 – 388.

[74] Alvin E. Roth. Stability and Polarization of Interests in Job Matching [M]. Econometrica, 1984: 47 – 57.

[75] Alvin E. Roth. Conflict and coincidence of interest in job matching: Some new results and open questions [J]. INFORMS, 1985 (10): 379 – 389.

[76] Alvin E. Roth, Elliott Peranson. The Redesign of the Matching Market for American Physicians Some Engineering Aspects of Economic Design [J]. American Economic Review, 1999, 89 (4): 748 – 780.

[77] Alvin E. Roth, Marilda A. O. Sotomayor. Two-Sided Matching A Study in Game-Theoretic Modeling and Analysis New York [M]. Cambridge University Press, 1990.

[78] Alvin E. Roth, John Vande Vate, Incentives in two-sided matching with random stable mechanisms [J]. Economic Theory, 1991 (1): 31 – 44.

[79] Abdulkadiroglu, Atila, Parag A. Pathak, Alvin E. Roth. The New York City High School Match [J]. American Economie Review, 2005, 95 (2): 364 – 367.

[80] Abdulkadiroglu, A., T. Sönmez. School Choice: A Mechanism Design Approach [J]. American economic review, 2003, 93 (3): 729.

[81] Azevedo, Eduardo M. Imperfect competition in two-sided matching markets [J]. Games and Economic Behavior, 2011 (4): 1 – 5.

[82] A. Sen, T. Smith. Gravity Models of Spatial Interaction Behavior [M]. Springer, 1999.

[83] Bresnahan, Timothy, Peter Reiss. Econometric Models of Discrete Games [J]. Journal of Econometrics, 1991 (48): 57 – 81.

[84] Bela Balassa. The Purchasing-Power Parity Doctrine: A Re-appraisal [J]. Journal of Political Economy, 1964, 72 (6): 584 – 596.

[85] Berry, Steven, James Levinsohn, Ariel Pakes. Automobile Prices in Market quilibrium [J]. Econometrica. 1995, 63 (4): 841 – 890.

[86] Behrens, Kristian, Gilles, Duranton, Frédéric Robert-Nicoud. Productive Cities: Sorting, Selection, and Agglomeration [J]. Journal of Political Economy, 2014, 122 (3): 507 – 553.

[87] Black, V Henderson. Spatial Evolution of Population and Industry in the United States [J]. American Economic Review, 1999, 89 (2): 321 – 327.

[88] Crawford, Vincent P. , Elsie Marie Knoer. Job Matching with Hetero geneous Firms and Workers [J]. Econometrica, 1981, 49 (2): 437 – 450.

[89] Crawford, V. P. Comparative Statics in Matching markets [J]. Journal of Economic Theory, 1991, 54 (2): 389 – 400.

[90] Combes, P. P. , Duranton, G. , Gobillon, L. , Puga, D. and Roux, S. Productivity Advantages of Large cities: Distinguishing Agglomeration from Firm Selection [J]. Econometrica, 2012, 80 (6): 2543 – 2594.

[91] Charles H. Mullin, David H. Reiley. Identification and estimation with contaminated data: When do covariate data sharpen inference? [J]. Journal of Econometrics, 2006, 130 (2): 253 – 272.

[92] Caterina Calsamiglia, Guillaume Haeringer, Flip Klijn. Constrained School Choice: An Experimental Study [J]. American Economic Review, 2010, 100 (4): 1860 – 1874.

[93] Combes Pierre-Philippe, Gilles Duranton, Laurent Gobillon. Spatial wage disparities: Sorting matters [J]. Journal of Urban Economics, 2008 (63): 723 – 742.

[94] Ciccone, A. Agglomeration Effects in Europe [J]. European

Economic Review, 2002, 46 (2): 213 – 227.

[95] Chen, Yan, Tayfun Sonmez. School Choice: An Experimental Study [J]. Journal of Economic Theory, 2006, 127 (1): 202 – 231.

[96] Capello, Camagni. Beyond Optimal City Size: An Evaluation of Alternative Urban Growth Patterns [J]. Urban studies, 2000 (9): 1479 – 1496.

[97] Camagni, Capello. Regional Innovation Patterns and the EU Regional Policy Reform: Toward Smart Innovation Policies [J]. Growth and Change, 2013, 44 (2): 355 – 389.

[98] Duarte, Margarida, Diego Restuccia. The Role of the Structural Trans formation in Aggregate Productivity [J]. The Quarterly Journal of Economics, 2010, 125 (1): 129 – 173.

[99] Duranton, Gilles. Viewpoint: From Cities to Productivity and Growth in Developing Countries [J]. Canadian Journal of Economics, 2008, 41 (3): 689 – 736.

[100] Duranton, Gilles, and Diego Puga. Nursery Cities [J]. American Economic Review, 2001, 91 (5): 1454 – 1477.

[101] Duranton, Gilles, and Diego Puga. Micro-Foundations of Urban Agglomeration Economies [J]. In Handbook of Urban and Regional Economics, Volume 4, edited by Henderson, J. Vernon, Jacques-François Thisse, Amsterdam: North Holland, 2004: 2063 – 2117.

[102] Davis, Donald R. Jonathan I. Dingel. A spatial knowledge economy [M]. Economics Department. Columbia University, 2012.

[103] Dix-Carneiro. R. , Kovak. B. K. Margins of Labor Market Adjustment to Trade [J]. Journal of International Economics, 2019 (117): 125 – 142.

[104] Douglas Gollin, Remi Jedwab, Dietrich Vollrath. The Urbanization with and without industrialization [J]. Journal of Economic Growth, 2016

(21)：35 – 70.

[105] Eeckhout Jan, Roberto Pinheiro, Kurt chmidheiny. Spatial sorting [J]. Journal of Political Economy, 2014, 122 (3)：554 – 620.

[106] Ellison, Glen, Edward L. Glaeser, William Kerr. What Causes Industry Agglomeration? Evidence from coagglomeration Patterns [J]. American Economic Review, 2010 (100)：1195 – 1213.

[107] Ellison, Glen, Edward L. Glaeser. Geographic Concentration in U. S. Manufacturing Industries：A Dartboard Approach [J]. Journal of Political Economy, 1997 (105)：889 – 927.

[108] Edward L. Glaeser. The Economics Approach to Cities [J]. NBER Working Paper No. 13696, 2007.

[109] E. Glaeser, M. Resseger. The Complementarity between Cities and Skills [J]. NBER working paper, 2009, No. 15103.

[110] Ellison, Glenn D. Edward L. Glaeser. The geographic concentration of in-dustry：Does natural advantage explain agglomeration? [J]. American Economic Review, 1999, 89 (2)：311 – 316.

[111] Eric D. Kolaczy, Gábor Csárdi. Statistical Analysis of Network Data with R [M]. Springer, 2014.

[112] F. Mazzolari, G. Ragusa. Spillovers from High-Skill Consumption to Low-Skill Labor Markets [J]. The Review of Economics and Statistics, 2013, 95 (1)：74 – 86.

[113] Fujita, Masahisa, Jacques-François Thisse. Economics of Agglomeration [M], Cambridge：Cambridge University Press, 2002.

[114] Fagiolog. The international-trade network：Gravity equations and topological properties [J]. Journal of Economic Interaction and Coordination, 2010, 5 (1)：1 – 25.

[115] Fagiolo, G. , Reyes, J. , Schiavo, S. Worldtrade Web：Topological Properties [J]. Dynamics and Evolution. Physical Review, 2009

(79): 1 - 19.

[116] Gale, David, Lloyd Shapley. college admissions and the stability of marriage [J]. American mathematical Monthly. 1962 (69): 9 - 15.

[117] Gollin, D., Jedwab, R., Vollrath, D. Urbanization with and without industria lization [J]. Working Papers, 2013.

[118] Gollin, Douglas, Stephen L. Parente, Richard Rogerson. The food problem and the evolution of international income levels [J]. Journal of Monetary Economics, 2007, 54 (4): 1230 - 1255.

[119] Gilles Duranton, Diego Puga. From sectoral to functional urban specialisation [J]. Journal of Urban Economics, 2002, 57 (2): 343 - 370.

[120] Glaeser, Edward, Jed Kolko, Albert Saiz. Consumer city [J]. Journal of Economic Geography, 2001, 1 (1): 27 - 50.

[121] Glaeser, Edward, David Mare. Cities and Skills [J]. Journal of Labor Economics, 2001 (19): 316 - 342.

[122] Glaeser, Edward L., Joshua D. Gottlieb. The Wealth of Cities: Agglo meration Economies and Spatial Equilibrium in the United States [J]. Journal of Economic Literature, 2009, 47 (4): 983 - 1028.

[123] Glaeser, Edward L., Hedi Kallal, Jose Scheinkman, Andrei Shleifer. Growth in Cities [J]. Journal of Political Economy, 1992, 100 (6): 1126 - 1152.

[124] Glaeser, Edward L., M Resseger, K Tobio. Inequality in cities [J]. Journal of Regional Science, 2009, 49 (4): 617 - 646.

[125] Glenn Ellison, Edward L. Glaeser, William Kerr. What Causes Industry Agglomeration? Evidence from coagglomeration Patterns [J]. NBER Working Paper No. 13068, 2007.

[126] Geweke, John, Gautam Gowrisankaran, Robert Town. Bayesian inference for hospital quality in a selection model [J]. Econometrica, 2003 (71): 1215 - 1239.

［127］Gyourko, Joseph, Christopher Mayer, Todd Sinai. Superstar cities ［J］. American Economic Journal, 2013, 5 (4): 167 – 199.

［128］Hatfield, J. W. F. Kojima. Substitutes and Stability for Matching withContracts ［J］. Journal of Economic Theory, 2010, 145 (5): 1704 – 1723.

［129］Helsley, Robert W. , William C. Strange. Agglomeration Economies and Matching in a System of Cities ［J］. Regional Science and Urban Economics, 1990 (20): 189 – 212.

［130］Henderson, J. Vernon. The Sizes and Types ofCities ［J］. American Economic Review, 1974 (64): 640 – 656.

［131］Henderson, J. Vernon. Urban Development: Theory, Fact andIllusion ［M］. Oxford: Oxford University Press, 1988.

［132］Henderson, J. Vernon. Marshall's Scale Economies ［J］. Journal of Urban Economics, 2003 (53): 1 – 28.

［133］Henderson, J. Vernon, Ari Kuncoro, Matt Turner. Industrial Development in Cities ［J］. Journal of Political Economy, 1995, 103 (5): 1067 – 1090.

［134］Henderson, J. Vernon, Anthony Venables. The Dynamics of City Formation ［J］. Review of Econimic Dynamics, 2009 (12): 233 – 254.

［135］Henderson, J. Vernon. The dynamics of cityformation ［J］. Review of Economic Dynamics, 2008, 12 (2): 233 – 254.

［136］Henderson, J. Vernon. Urbanization and city growth: The role ofinstitutions ［J］. 2007, 37 (3): 283 – 313.

［137］Henderson, J. Vernon. Efficiency of Resource Usage and CitySize ［J］. Journal of Urban Economics, 1986, 19 (1): 47 – 70.

［138］Jed Kolko. Urbanization, Agglomeration, and Coagglomeration of Service Industries ［J］. National Bureau of Economic Research, 2010: 151 – 180.

[139] Jean-Pascal Benassy. Nominal Rigidities in Wage Setting by Rational Trade Unions [J]. The Economic Journal, 1995 (105): 430, 635 - 643.

[140] Jacobs, Jane. The Economy of Cities [M]. New York: Vintage, 1969.

[141] J Friedmann, W Alonso. Regional development and planning [J]. MIT Press, 1964.

[142] Joseph E. Stiglitz. Monopoly, Non-Linear Pricing and Imperfect Information: The Insurance Market [J]. Review of Economic Studies, 1977, 44 (3): 407 - 430.

[143] Krugman P. Increasing Return and Economic geography [J]. Journal of Political Economy, 1991, 99 (3): 483 - 499.

[144] Kalleberg, Visser. Fusing a Transformation Language with an Open Compiler [J]. Electronic Notes in Theoretical Computer Science, 2008, 203 (2): 21 - 36.

[145] K Head, Mayer. The empirics of agglomeration and trade [J]. Handbook of Regional & Urban Economics, 2004, 4 (04): 2609 - 2669.

[146] Lewis, Arthur. Economic Development with Unlimited Supplies ofLabour [J]. The Manchester School, 1954 22 (2): 139 - 191.

[147] Lucas, Robert E. Life Earnings and Rural-UrbanMigration [J]. Journal of Political Economy, 2004, 112 (1): 29 - 59.

[148] Marshall, Alfred. Principles of Economics [M]. London: MacMillan, 1890.

[149] M J Melitz. The Impact of Trade on Intra-Industry Reallocations and Aggregate Industry productivity [J]. Econometrica, 2003, 71 (6): 1695 - 1725.

[150] Milo, R, Shen-Orr, S., Itzkovitz, S. Network Motifs: Simple Building Blocks of Complex Networks [J]. Science, 2002, 298 (5594):

824 – 827.

[151] Porter, Michael. The Competitive Advantage of Nations [M]. New York: The Free Press, 1990.

[152] Puga, Diego. The Magnitude and Causes of Agglomeration Economies [J]. Journal of Regional Science, 2010, 50 (1): 203 – 219.

[153] Pathak, Parag A., Tayfun Sonmez. Leveling the Playing Field: Sincere and Sophisticated Players in the Boston Mechanism [J]. American Economic Review, 2008, 98 (4): 1636 – 1652.

[154] Paul A. Samuelson. Theoretical Notes on TradeProblems [J]. The Review of Economics and Statistics, 1964, 46 (2): 145 – 154.

[155] Rodrik, Dani. Unconditional Convergence [J]. NBER Working Papers, 2011, No. 17546.

[156] Robert W. Helsley. Coagglomeration, Clusters, and the Scale and Composition of Cities [J]. Journal of Political Economy, 2014, 5 (122): 1064 – 1093.

[157] Rosenthal, Stuart S., William C. Strange. Evidence on the Nature and Sources of Agglomeration Economies [J]. In Handbook of Urban and Regional Economics, Volume 4, edited by Henderson, J. Vernon, Jacques-François Thisse, Amsterdam: North Holland, 2004: 2119 – 2172.

[158] Robert W. Helsley, Yves Zenou. Social networks and interactions in cities [J]. Journal of Economic Theory, 2014 (50): 426 – 466.

[159] Robert E. Lucas. Asset Prices in an Exchange Economy [J]. Econometrica, 1978, 46 (6): 1429 – 1445.

[160] Robert E. Lucas. Trade and the Diffusion of the Industrial Revolution [J]. American Economic Journal Macroeconomics, 2009, 1 (1): 1 – 25.

[161] Robert E. Lucas. Efficiency and Equality in a Simple Model of Efficient Unemployment Insurance [J]. Journal of Economic Theory, 2004,

66（66）: 64 – 88.

［162］ Shin-Kun Peng, Ping Wang. Sorting by Foot: Consumable Travel-for Local Public Good and Equilibrium Stratification ［J］. NBER, 2003.

［163］ Schultz, Theodore W. The Economic Organization of Agriculture ［M］. NewYork: McGraw-Hill, 1953.

［164］ Sveikauskas. The Productivity of Cities ［J］. The Quarterly Journal of Economics, 1975, 89（2）: 393 – 413.

［165］ Salvador Barrios, Luisito Bertinelli, Eric Strob. Coagglomeration and spillovers ［J］. Regional Science and Urban Economics, 2006（36）: 467 – 481.

［166］ Sørensen, M. How Smart is Smart Money? A Two-Sided Matching Model of Venture Capital ［J］. Journal of Finance, 2007, 62（6）: 2725.

［167］ Scott, J. Social Network Analysis: AHandbook ［M］. California: SAGE Publications, 2017.

［168］ Tiebout, Charles. M. A Pure Theory of Public Expenditure ［J］. Journal of Political Economy, 1956（64）: 415 – 424.

［169］ Tabuchi. Urban agglomeration, capital augmenting technology, and labor market equilibrium ［J］. Journal of Urban Economics, 1986, 20（2）: 211 – 228.

［170］ Taylorp. J. External urban relational process: Introducing central Flow theory to complement central place theory ［J］. Urban Studies, 2010, 47（13）: 2803 – 2818.

［171］ Venables, Anthony J. Economic Geography and African Development ［J］. Papers in Regional Science, 2010, 89（3）: 469 – 483.

［172］ Wasserman, S. , K. , Faust. Social Network Analysis: Methods and Applications ［M］. Cambridge University Press, 1994.

［173］ XGabaix, YM Ioannides. The Evolution of City Size Distributions

[J]. Handbook of Regional & Urban Economics, 2004, 4 (4): 2341 – 2378.

[174] Zunguo Hu, Yaozhong Wang, Mao Jun. Clusters, Co-agglomeration, and Urbanization: based on Chinese city data analysis [J]. Revista de la Facultad de Ingenieria, 2016, 3 (11): 132 – 142.